사랑, 행복, 나눔

사랑, 행복, 나눔

조용기 지음

초판 인쇄 2011년 5월 16일
초판 발행 2011년 5월 27일

발행처 서울말씀사
편집인 임형근
등 록 제11-105호

서울 강서구 가양동 1487 가양테크노타운 306
Tel. 02-846-9222
Fax. 02-846-9225
http://www.slogos.co.kr

본서의 저작권과 판권은
서울말씀사 소유이며 무단 전재, 복제를 금합니다.

사랑, 행복, 나눔

조용기 지음

서울말씀사

머리말

초대 교회의 성도들은 나누어 주는 신앙을 가지고 있었습니다. 그들은 모든 물건을 서로 통용하고 재산과 소유를 팔아 각 사람의 필요에 따라 나누어 주었습니다(행 2:45-46). 이러한 초대 교회 성도들의 신앙은 믿지 않는 사람들에게도 칭찬을 받았고, 더 많은 사람들이 예수님을 영접하게 하는 밑거름이 되었습니다. 초대 교회 성도들은 독생자 예수 그리스도를 내어 주신 하나님을 사랑하고 주님의 재림을 확신했기 때문에 자신의 소유를 아끼지 않고 나누어 줄 수 있었습니다.

로마의 백부장이었던 고넬료도 평소에 하나님을 경외할 뿐만 아니라 가난한 사람들을 열심히 구제하는 사람이었습니다. 이에 하나님께서는 천사를 보내 고넬료에게 "네 기도와 구제가 하나님 앞에 상달되어 기억하신 바가 되었으니"

(행 10:4)라고 말씀하셨습니다. 그리고 이방인으로서는 최초로 성령 침례를 받는 은혜를 그에게 허락하셨습니다. 이처럼 가난하고 헐벗고 굶주린 사들을 돌보는 것은 분명히 하나님 앞에 상달되고 하나님께 복을 받게 합니다.

    50여 년 전 처음 목회를 시작할 때 저에게는 분명한 목적이 있었습니다. 그것은 바로 가난하고 헐벗고 굶주린 사람들이 예수님을 믿고 하나님의 복을 받아 형통한 삶을 살도록 만드는 것이었습니다. 그런데 그때는 저 자신도 하루에 한 끼조차 못 먹는 날이 허다했습니다. 한겨울에는 배고픔과 추위에 밤을 지새우다가 새벽 기도를 인도하러 나가야 했습니다. 그러면 설움이 복받쳐서 길가에 그대로 주저앉고 싶을 때도 많았습니다. 그럼에도 불구하고 가난한 사람들에게 희망을 주고 돌보아야 한다는 사명을 한 시도 잊은 적이 없었습니다. 그래서 말씀을 증거할 때마다 희망 되신 예수님을 빼놓지 않고 전했고, 우리 교회를 통해 아무리 적은 물질이라도 가난한 사람들을 돕는 데 아끼지 않았습니다. 이후 하나님께서는 이러한 저와 우리 교회를 놀랍게 축복해 주셔서 세계 최대의 교회를 이루게 하셨습니다. 주님께서 "주라 그리하면 너희에게 줄 것이니 곧 후히 되어 누르고 흔들어 넘치도록 하여 너희에게 안겨 주리라"(눅 6:38)고 말씀하신 것처럼 갚아 주시고 채워 주신 것입니다.

예수님께서는 우리가 가난하고 헐벗고 굶주린 사람들을 돌보기 원하십니다. 주님께서도 세상에 계실 때 말씀을 듣고자 나오는 사람들을 항상 먹여 주시고, 궁핍한 사람들을 불쌍히 보시고 보살펴 주셨습니다. 예수님께서는 어제나 오늘이나 영원토록 동일하십니다. 그리고 세상 끝 날까지 우리와 함께하십니다. 이것을 믿는 우리는 나누어 주는 삶을 살아야 합니다. 주님께서는 "너희 소유를 팔아 구제하여 낡아지지 아니하는 배낭을 만들라 곧 하늘에 둔바 다함이 없는 보물이니 거기는 도둑도 가까이하는 일이 없고 좀도 먹는 일이 없느니라"(눅 12:33)고 말씀하셨습니다. 또한 가난한 사람들을 불쌍히 여기는 마음으로 돌보아 주는 것은 하나님께 꾸어 드리는 것이기 때문에 하나님께서 반드시 갚아 주십니다(잠 19:17). 우리가 가진 것을 나누어 줄 때 이 땅에 하나님의 나라가 임하고, 우리가 영원토록 거할 천국에 보화를 쌓을 수 있는 것입니다.

그러므로 우리는 초대 교회 성도들과 같이 나누어 주는 신앙을 가져야 합니다. 이를 위해 제가 50여 년 동안 강단에서 전한 말씀들 중 '나누어 주는 신앙'을 주제로 한 내용들을 모아서 책으로 엮어 보았습니다. 본 서는 나눔을 실천함으로써 진정한 성공을 이룰 수 있는 원리를 가르쳐 줄 것입니다. 그리고 어떻게 하는 것이 내 이웃을 내 몸과 같이 사랑하는 것인지 자세히 제시해 줄 것입니다. 끝으로 하나님 보시기에 어떤 사람이 참된 부자인지를 깨닫게 해 줄 것입니다.

바라기는, 본 서를 통해 우리 성도들이 탐욕으로 일그러진 현대 사회 속에서 빛과 소금의 사명을 온전히 감당할 수 있기를 소원합니다. 또한 나누는 기쁨을 회복하고 하늘의 창고에 쌓는 일에 열심을 내어 하나님과 사람 앞에 칭찬받는 성도들이 되기를 소원합니다. 아울러 나누어 주는 삶을 통해 하나님의 놀라운 축복과 기적을 경험함으로 말미암아 많은 사람들을 예수님께로 인도하게 되기를 축원합니다.

2011년 5월
여의도순복음교회 원로 목사
조용기

Contents 차례

머리말

참성공의 원리
  나는 얼마나 부자인가? / 13
  참성공의 원리 / 39
  축복의 노다지 / 55
  탐욕과 사랑 / 73

참된 이웃
  생동하는 신앙 / 95
  심고 거두고 / 109
  참된 이웃 / 127
  친구 / 147

참된 부자
  구제와 은혜 / 165
  드리기 위해서 태어난 사람 / 183
  이 은혜에도 풍성하게 할지니라 / 207
  하나님과 사람을 섬기는 삶 / 225

참성공의 원리

나는 얼마나 부자인가?
참성공의 원리
축복의 노다지
탐욕과 사랑

나는 얼마나 부자인가?

"우리 주 예수 그리스도의 하나님, 영광의 아버지께서 지혜와 계시의 영을 너희에게 주사 하나님을 알게 하시고 너희 마음의 눈을 밝히사 그의 부르심의 소망이 무엇이며 성도 안에서 그 기업의 영광의 풍성함이 무엇이며 그의 힘의 위력으로 역사하심을 따라 믿는 우리에게 베푸신 능력의 지극히 크심이 어떠한 것을 너희로 알게 하시기를 구하노라"(엡 1:17-19)

몇 년 전 제가 집회를 인도하러 홍콩에 갔을 때 들은 이야기에 따르면, 홍콩의 최고 부자의 사유 재산은 66조 원이며 그중 순수한 개인 재산은 약 28조 원이라고 합니다. 저는 그 이야기를 듣고 '그 부자가 1조 원만 갖고 나머지 27조 원으로는 교육 재단과 사회사업 재단을 설립하여 젊은이들의 교육을 돕고 가난한 사람들을 구제하고 병든 사람들을 치료해 준다면 마음의 재산이 얼마나 클까!'라고 생각해 보았습니다. 그렇게 한다면 물질적인 재산이 많은 부자보다 더 큰 부자가 되는 것입니다.

인간은 그 심령이 육체 속에 살기 때문에 물질의 많음이 비물질적인 심령의 기쁨이나 행복과 직결되지 않습니다. 사람들은 물질이 많으면 행복할 것이라고 생각하지만 결코 그렇지 않습니다. 물질과 행복은 별개의 것입니다. 이 사실에 대한 한 가지 증거로 이스라엘에서 가장 큰 부귀영화를 누렸던 솔로몬 왕의 탄식을 들 수 있습니다.

"헛되고 헛되며 헛되고 헛되니 모든 것이 헛되도다 해 아래에서 수고하는 모든 수고가 사람에게 무엇이 유익한가"(전 1:2-3).

가난하고 헐벗고 굶주린 사람이 할 법한 말을 이스라엘 역사상 가장 호화롭고 부요한 생활을 했던 솔로몬 왕이 한 것입니다. 전도서 2장 1절부터 11절을 보면, 그는 다음과 같이 자신의 삶을 돌아보았습니다.

"나는 내 마음에 이르기를 자, 내가 시험 삼아 너를 즐겁게 하리니 너는 낙을 누리라 하였으나 보라 이것도 헛되도다 내가 웃음에 관하여 말하여 이르기를 그것은 미친 것이라 하였고 희락에 대하여 이르기를 이것이 무슨 소용이 있는가 하였노라 내가 내 마음으로 깊이 생각하기를 내가 어떻게 하여야 내 마음을 지혜로 다스리면서 술로 내 육신을 즐겁게 할까 또 내가 어떻게 하여야 천하의 인생들이 그들의 인생을 살아가는 동안 어떤 것이 선한 일인지를 알아볼 때까지 내 어리석음을 꼭 붙잡아 둘까 하여 나의 사업을 크게 하였노라 내가 나를 위하여 집들을 짓고 포도원을 일구며 여러 동산과 과원을 만들고 그 가운데에 각종 과목을 심었으며 나를 위하여 수목을 기르는 삼림에 물을 주기 위하여 못들을 팠으며 남녀 노비들을 사기도 하였고 나를 위하여 집에서 종들을 낳기도 하였으며 나보다 먼저 예루살렘에 있던 모든 자들보다도 내가 소와 양 떼의 소유를 더 많이 가졌으며 은 금과 왕들이 소유한 보배와 여러 지방의 보배를 나를 위하여 쌓고 또 노래하는 남녀들과 인생들이 기뻐하는 처첩들을 많이 두었노라 내가 이같이 창성하여 나보다 먼저 예루살렘에 있던 모든 자들보다 더 창성하니 내 지혜도 내게 여전하도다 무엇이든지 내 눈이 원하는 것을 내가 금하지 아니하며 무엇이든지 내 마음이 즐거워하는 것을 내가 막지 아니하였으니 이는 나의 모든 수고를 내 마음이 기뻐하였음이라 이것이 나의 모든 수고로 말미암아 얻은 몫이로다 그 후에 내가 생각해 본즉 내 손으로 한 모든 일과 내가 수고한 모든 것이 다 헛되어 바람을 잡는 것이며 해 아래에서 무익한 것이로다".

부귀영화의 극치를 누린 솔로몬이 인생을 돌이켜 보니 그 모든 일이 다 헛되어 바람을 잡는 것과 같고 무익하다고 탄식했습니다. 이것은 무엇을 말합니까? 물질적인 부귀영화가 결코 마음의 기쁨과 행복으로 직결되지 않는다는 것입니다.

1998년, 영국 런던정경대(London School of Economics and

Political Science)의 로버트 우스트 교수가 세계 54개국을 대상으로 국민 행복 지수를 조사한 적이 있습니다. 조사 결과, 놀랍게도 미국을 비롯해 일본, 캐나다, 독일 등 이른바 G7 국가 중 어느 한 나라도 40위 안에 포함되지 못하고 방글라데시, 아제르바이잔, 나이지리아 등 가난한 나라들의 행복 지수가 높게 나타났습니다. 물질적인 부요가 행복의 조건이라면 G7 국가인 미국, 일본, 캐나다, 독일 등이 상위권을 차지했을 텐데, 결과는 그렇지 않았습니다.

또 다른 예를 들어 봅시다. 「월스트리트저널」(The Wall Street Journal) 2005년 7월 13일자 보도에 따르면, 행복 지수를 7로 계산할 때 갑부들의 행복 지수가 5.8로 나타났습니다. 이 수치는 그린란드 동토의 이누이트 족이나 아프리카 케냐의 마사이 족의 행복 지수와 같습니다. 세계적인 갑부와 생활이 어려운 민족들의 행복 지수가 같다는 것입니다. 더욱 놀라운 사실은 인도 캘커타의 빈민들도 행복 지수가 4.6이나 된다는 것입니다.

이와 같은 조사 결과들은 물질이 행복에 미치는 영향이 우리가 생각하는 것만큼 크지 않다는 사실을 보여 줍니다.

1. 내가 가진 재산과 행복

우리가 이 세상에서 소유한 재산은 유형의 재산과 무형의 재산으로 구분할 수 있습니다. 유형의 재산은 동산과 부동산 같은 물질적인 것입니다. 이러한 재산은 지금 있다가 내일 없어질 수 있습니다. 그러므로 성경은 "네가 어찌 허무한 것에 주목하겠느냐 정녕히 재물은 날개를 내어 하늘에 나는 독수리처럼 날아가리라"(잠 23:5)고 말씀합니다. 물질적인 재산은 '정함이 없는 재물'로, 오늘 있다가 내일 없어지기도 하고 오늘 없다가 내일 얻을 수도 있는 것입니다.

미국의 골프 영웅이었던 할 서튼(Hal Sutton)은 25세에 세계 골프를 석권한 뒤, 10년간 세 차례의 이혼을 겪으며 슬럼프에 빠진 적이 있습니다. 그는 35세에 재기하면서 이와 같이 말했습니다. "인생에서 내가 깨달은 한 가지 사실은 삶의 의미를 깨닫기 전에 35세를 넘어 버린다는 것입니다. 처음에 나는 좋은 차가 있으면 행복할 것이라고 생각했습니다. 그래서 좋은 포르쉐 자동차를 샀습니다. 그다음에 집이 있으면 행복하겠다고 생각했습니다. 그래서 아름다운 집을 샀습니다. 그런 다음에는 자가용 비행기가 있어야 행복하겠다고 생각해서 자가용 비행기를 한 대 샀습니다. 그러고 나서야 비로소 나는 행복은 결코 돈을 주고 살 수 없다는 것을 깨달았습니다." 좋은 자동차도, 아름다운 집도, 자가용 비행기도, 10년 동안 아내를 세 번이나 바꾸어도 그는 진정으로 행복하지 못했던 것입니다.

행복은 소유의 많고 적음에 달려 있지 않습니다. 오히려 물질이 많으면 큰 분쟁을 가져옵니다. 행복은 눈에 보이는 재산이 갖다 주는 것이 아니라, 눈에 보이지 않는 재산이 갖다 주는 것입니다. 자신의 삶에 자족하고 감사하며 주님 안에서 참된 삶을 사는 것이야말로 진정한 행복입니다. 감사, 기쁨, 만족과 같은 보이지 않는 재산이 눈에 보이는 재산보다 훨씬 값지고 아름답습니다.

성경은 보이지 않는 재산, 즉 예수님을 믿는 사람들이 얻은 재산이 얼마나 큰가를 말해 줍니다. 우리가 예수님을 믿음으로 얻은 가장 큰 기업은 신분상의 변화입니다. 죄인인 우리가 죄 사함을 받고 의인이 되었습니다. 더럽고 추악했던 우리가 성령을 받고 거룩한 신분을 얻게 되었습니다. 병들어 고통을 받던 우리가 치료받고 건강한 신분을 얻게 되었습니다. 저주와 가난에서 해방되어 아브라함의 축복을 받은 신분이 되었습니다. 사망과 음부를 면하고 부활과 영생 천국을 얻은 신분이 되었습니다.

성경은 우리의 신분상의 변화에 대해 "우리 주 예수 그리스도의 하나님, 영광의 아버지께서 지혜와 계시의 영을 너희에게 주사 하나님을 알게 하시고 너희 마음의 눈을 밝히사 그의 부르심의 소망이 무엇이며 성도 안에서 그 기업의 영광의 풍성함이 무엇이며 그의 힘이 위력으로 역사하심을 따라 믿는 우리에게 베푸신 능력의 지극히 크심이 어떠한 것을 너희로 알게 하시기를 구하노라"(엡 1:17-19)고 말씀했는데, '우리 기업의 풍성'은 그리스도 안에서 신분상에 큰 변화를 가져왔다는 것입니다.

사람들은 날마다 거울을 통해 자신의 겉모습을 바라봅니다. 그리고 무의식적으로 자신의 속모습, 즉 자화상도 바라봅니다. 자화상이 부정적인 사람은 부정적으로 생각하며 살아갑니다. '나는 교육을 못 받았다, 비천한 가정에 태어났다, 의지할 배경이 없다.'라고 부정적인 생각을 합니다. 그리고 이러한 부정적인 생각이 그의 삶을 부정적인 방향으로 이끌고 갑니다. 그러나 예수 믿는 사람은 긍정적인 자화상을 가지고 있습니다. 그러므로 생각하는 것도 항상 긍정적입니다.

'나는 예수 그리스도로 말미암아 영혼이 잘됨같이 범사에 잘되며 강건하고 생명을 얻되 풍성하게 얻는 복을 받았다.' 라고 긍정적으로 생각하며 맑고 밝고 환하게 삽니다. 그러므로 우리가 예수 그리스도로 말미암아 긍정적인 자화상을 가지고 있다는 것은 이루 헤아릴 수 없이 풍성하고 귀한 우리 인생의 자산인 것입니다.

게다가 우리는 귀한 지위도 얻었습니다. 베드로전서 2장 9절에 "너희는 택하신 족속이요 왕 같은 제사장들이요 거룩한 나라요 그의 소유가 된 백성이니 이는 너희를 어두운 데서 불러내어 그의 기이한 빛에 들어가게 하신 이의 아름다운 덕을 선포하게 하려 하심이라"고 기록되어 있습니다. 우리는 예수 그리스도로 말미암아 하나님의 택하신 백성이요, 왕 같은 제사장이요, 거룩한 나라요, 그의 소유가 된 백성이라는 지위를 얻었습니다. 이 영광스러운 지위는 돈 주고 살 수 없고, 교육을 받아서도 취할 수 없으며, 좋은 가문에 태어난다고 해서 얻을 수 있는 것이 아닙니다. 이 지위는 오직 하나님께서 주셔야 얻을 수 있는 고상한 지위요, 말로 다할 수 없는 부요한 지위입니다.

우리는 자신의 신분과 지위를 분명히 알아야 합니다. 우리가 예수님 안에서 얻는 재산, 즉 의로운 신분과 새로운 자화상과 고상한 지위를 받은 것을 바로 알고 바라보고 믿고 말하고 행동할 때 하나님의 큰 은총을 받을 수 있습니다.

유명한 성공 철학자인 지그 지글러(Zig Ziglar)의 「정상에서 만납시다」라는 책을 보면 17년 동안 저능아로 살았던 한 천재의 이야기가 나옵니다. 그의 이름은 빅터 세레브리아코프(Victor Serebriakoff)입니다. 그는 15살 때 한 선생님으로부터 "너 같은 바보는 공부해도 소용이 없다. 너는 저능아다. 장사나 하는 것이 낫겠다."라는 말을 듣고 17년간 보따리 장사를 하며 떠돌이 인생을 살았습니다. 그는 항상 '나는 저능아다. 나는 바보다. 나는 무능한 인간이다.'라고 생각하며 자신을 비하하고 모욕했습니다. 그러다가 32살이 되었을 때 우연히 지능 검사를 받고 자신의 IQ가 161이라는 사실을 알게 되었습니다. 그는 저능아가 아니라 천재였던 것입니다. 그때부터 빅터는 천재처럼 말하고 천재처럼 행동하기 시작했습니다. 자기가 천재라는 것을 알게 되자 생각을 바꾸고, 자신을 바라보던 눈을 바꾸고, 믿음을 바꾸고, 말을 바꾸고, 행동을 바꾸게 되었습니다. "나는 저능아가 아니고 천재다."라고 시인하였습니다. 그 이후로 그는 많은 책을 쓰고 특허를 내고 사업에도 크게 성공하여 큰 부자가 되었습니다. 나중에는 IQ 148 이상 되는 사람들만 가입할 수 있는 멘사 클럽의 회장이 되기도 했습니다.

빅터의 인생이 달라진 이유가 무엇입니까? 자신을 바라보는 시각이 바뀌었기 때문입니다. 저능아에서 천재로 자신을 새롭게 바라보자 인생이 달라진 것입니다.

우리 역시 자신을 바라보는 눈이 바뀌어야 합니다. 예수 그리스도를 통하여 생각이 바뀌고, 자신을 바라보는 눈이 바뀌고, 자신에 대한 믿음이 바뀌고, 말이 바뀌고, 행동이 바뀌어야 합니다.

오늘날 너무나 많은 사람들이 자신을 부정적으로 생각합니다. '나는 못났다. 나는 안 된다. 나는 할 수 없다. 나는 모자라다. 나는 가난하다. 나는 무능력하다.' 이와 같이 자신을 비하하고 모욕합니다. 잘못된 생각, 잘못된 시각, 잘못된 믿음, 잘못된 말, 잘못된 행동으로 자신을 파멸시킵니다. 그러나 성경은 "누구든지 그리스도 안에 있으면 새로운 피조물이라 이전 것은 지나갔으니 보라 새것이 되었도다"(고후 5:17)라고 말씀합니다. 하나님께서 우리를 흑암의 권세에서 건져 내어 사랑의 아들의 나라로 옮기셨습니다. 우리는 더 이상 버림받은 죄인이 아닙니다. 쓸모없는 사람이 아닙니다. 무능력자가 아닙니다. 우리의 신분이 달라졌습니다. 자화상이 달라졌습니다. 지위가 달라졌습니다. 그러므로 이제는 자신을 새롭게 보아야 됩니다. 신분이 변화되었다는 것을 확실히 믿고, 그 사실을 입술로 고백하고, 그 신분에 맞게 행동해야 합니다. 그리할 때 하나님의 축복을 이 땅에서 풍성히 누릴 수 있습니다.

2. 나의 미래 재산

우리의 미래 재산은 엄청납니다. 성경은 다음과 같이 말씀합니다. "죽은 자의 부활도 그와 같으니 썩을 것으로 심고 썩지 아니할 것으로 다시 살아나며 욕된 것으로 심고 영광스러운 것으로 다시 살아나며 약한 것으로 심고 강한 것으로 다시 살아나며 육의 몸으로 심고 신령한 몸으로 다시 살아나나니 육의 몸이 있은즉 또 영의 몸도 있느니라 기록된바 첫 사람 아담은 생령이 되었다 함과 같이 마지막 아담은 살려 주는 영이 되었나니 그러나 먼저는 신령한 사람이 아니요 육의 사람이요 그다음에 신령한 사람이니라 첫 사람은 땅에서 났으니 흙에 속한 자이거니와 둘째 사람은 하늘에서 나셨느니라 무릇 흙에 속한 자들은 저 흙에 속한 자와 같고 무릇 하늘에 속한 자들은 저 하늘에 속한 이와 같으니 우리가 흙에 속한 자의 형상을 입은 것같이 또한 하늘에 속한 이의 형상을 입으리라"(고전 15:42-49). 우리는 아담과 하와의 자손으로서 흙에 속한 자의 형상을 입고 있었으나, 예수님을 통해 그 형상을 벗어 버리고 예수 그리스도의 형상을 입은 하늘에 속한 자가 되었습니다.

세상 사람들은 장수하기 위하여 많은 돈을 투자합니다. 그러나 결국 모든 사람이 죽음을 맞이합니다. 이처럼 죽음에 처한 우리 인간들을 위해 예수님께서 죽었다가 살아나심으로 부활의 처음 열매가 되셨습니다. 이 때문에 누구든지 예수님을 믿기만 하면 부활의 생명을 얻게 되는 것입니다. 그렇다면 부활의 가치는 얼마나 될까요? 썩을 몸이 썩지 아니할 몸으로, 욕된 몸이 영광스러운 몸으로, 약한 몸이 강한 몸으로, 육의 몸이 신령한 몸으로, 늙은 몸이 젊은 몸으로, 죽을 몸이 영원히 살 몸으로 변화될 수만 있다면 전 재산을 다 주어서라도 부활의 생명을 사려고 할 것입니다. 그러나 돈으로는 생명을 소유할 수 없습니다. 오직 예수 그리스도 안에서만 썩을 것, 욕된 것, 약한 것, 육의 몸이 영원히 있을 것, 영광스러운 것, 강한 것, 신령한 몸으로 변화될 수 있습니다. 우리는 지금 육의 몸으로 살지만 우리의 속사람은 이미 신령한 몸으로 변화되어 있습니다. 그리고 우리가 장차 부활할 때 그리스도의 형상으로 부활할 것입니다. 성경은 "사랑하는 자들아 우리가 지금은 하나님의 자녀라 장래에 어떻게 될지는 아직 나타나지 아니하였으나 그가 나타나시면 우리가 그와 같을 줄을 아는 것은 그의 참모습 그대로 볼 것이기 때문이니"(요일 3:2)라고 말씀합니다.

또한 우리는 천국에 집을 가지고 있습니다. 예수님께서는 "너희는 마음에 근심하지 말라 하나님을 믿으니 또 나를 믿으라 내 아버지 집에 거할 곳이 많도다 그렇지 않으면 너희에게 일렀으리라 내가 너희를 위하여 거처를 예비하러 가노니 가서 너희를 위하여 거처를 예비하면 내가 다시 와서 너희를 내게로 영접하여 나 있는 곳에 너희도 있게 하리라"(요 14:1-3)고 말씀하셨습니다. 우리 주위에는 자기 집이 없어서 고생하는 사람들이 많이 있습니다. 또 집이 있다 하더라도 평수가 작다, 가난한 지역이다, 동네 환경이 좋지 않다는 이유로 근심하는 사람들도 있습니다. 그러나 우리는 지금 우리가 어떤 집에서 살고 있든 간에 감사할 수 있습니다. 세상의 집은 세월이 흐르면 다 무너지고 사라지지만, 우리가 가지고 있는 천국의 영광의 집은 영원하기 때문입니다.

요한계시록에는 우리가 거할 천국에 대해 이와 같이 묘사하고 있습니다.

"또 그가 수정같이 맑은 생명수의 강을 내게 보이니 하나님과 및 어린양의 보좌로부터 나와서 길 가운데로 흐르더라 강 좌우에 생명나무가 있어 열두 가지 열매를 맺되 달마다 그 열매를 맺고 그 나무 잎사귀들은 만국을 치료하기 위하여 있더라 다시 저주가 없으며 하나님과 그 어린양의 보좌가 그 가운데에 있으리니 그의 종들이 그를 섬기며 그의 얼굴을 볼 터이요 그의 이름도 그들의 이마에 있으리라 다시 밤이 없겠고 등불과 햇빛이 쓸데없으니 이는 주 하나님이 그들에게 비치심이라 그들이 세세토록 왕 노릇 하리로다"(계 22:1-5).

"또 내가 새 하늘과 새 땅을 보니 처음 하늘과 처음 땅이 없어졌고 바다도 다시 있지 않더라 또 내가 보매 거룩한 성 새 예루살렘이 하나님께로부터 하늘에서 내려오니 그 준비한 것이 신부가 남편을 위하여 단장한 것 같더라"(계 21:1-2).

여자가 일생에 가장 아름답게 단장하는 때가 언제입니까? 결혼할 때입니다. 그런데 예수님께서 우리를 위해 예비하신 하늘나라 거처인 새 예루살렘이 마치 신부가 남편을 위하여 단장한 것 같다는 것입니다. 그러니 얼마나 아름답겠습니까! 또한 그곳은 사망이 없고 애통하는 것이나 곡하는 것이나 아픈 것이 없는 곳입니다(계 21:4). 이런 하늘나라에 우리의 영원한 집이 있습니다. 그러므로 우리는 그 영광스러운 집에서 주님과 함께 영원히 살 소망을 바라보며 기뻐하고 감사할 수 있는 것입니다.

이런 이야기가 있습니다. 콩나물 장사를 하면서 자식들을 훌륭하게 키워 낸 한 할머니가 있었습니다. 이 할머니는 경건한 기도의 사람이었습니다. 그런데 할머니는 자식들이 다 잘되어 잘살게 된 후에도 콩나물 장사를 하면서 살던 조그마한 집에 살기를 고집했습니다. 자식들은 사회에 나가서 출세하고 부와 명예도 얻었으므로 자신들의 체면을 생각해서라도 좋은 집으로 이사를 가시라고 어머니를 채근했습니다. 그러나 할머니는 자기 집을 고집했습니다. 그래도 자식들이 계속 조르니까 할머니가 한 가지 제안을 했습니다. "내가 좋은 집에서 사는 것이 그렇게 소원이라면 내가 원하는 집을 지어 다오. 그렇게만 하면 내가 이사를 하마." 자식들은 입을 모아 어떤 집을 원하시는지 말씀하시라고 했습니다. 그러자 할머니는 "내가 원하는 집은 바닥을 다 금으로 깔아야 한다. 그리고 집에는 열두 개의 기둥을 세워야 하는데, 그 기둥은 모두 정금으로 만들어야 한다. 문은 열두 개를 만들되 모두 진주 한 짝으로 만들어야 한다."라고 말해 주었습니다. 이 말에 자식들은 기가 막혔습니다.

"아니, 어머님! 지금 농담하십니까? 세상에 그런 집이 어디 있습니까?"

"없다면 말아라. 나는 그런 집을 이미 하늘나라에 분양받았다. 그러니 나를 이사시킬 생각은 아예 하지 마라. 나는 이미 부자란다."

할머니는 천국의 영원한 집을 바라보고 있기 때문에 세상에서의 집에 대한 미련이 조금도 없었던 것입니다.

우리도 마찬가지입니다. 세상에서 좋은 집을 구하지 못했다는 이유로 탄식할 필요가 없습니다. 우리는 이미 하늘나라에 황금길, 열두 진주 문이 있는 집을 분양받은 사람들입니다.

여러분, 진정한 부자는 영적인 부자입니다. 우리가 주님 안에서 부여받은 새로운 신분, 새로운 자화상, 새로운 지위, 부활의 새로운 몸, 그리고 천국의 영원한 처소의 가치를 생각해 보십시오. 이 땅의 가치로는 도저히 환산할 수 없습니다. 그런데 왜 부자처럼 행동하지 않습니까?

우리는 부자일 뿐 아니라 행복한 사람들이기도 합니다. 한 가지 예를 들어 봅시다. 시골의 가난한 신부가 서울의 부잣집으로 시집와서 좋은 집에 산다고 행복합니까? 아름다운 옷을 입었다고 행복합니까? 아닙니다. 진정한 행복은 좋은 신랑과 살게 되었을 때 찾아오는 것입니다. 우리가 변화된 몸으로 천국의 아름다운 집에 산다고 행복한 것이 아닙니다. 신랑 되신 예수님과 함께 살기 때문에 행복한 것입니다. 세상에 그 누구도 예수님만큼 좋은 신랑은 없습니다. 우리를 대신하여 죄 짐을 짊어지고 십자가에 달려 몸 찢기고 피 흘려 그 생명을 주시기까지 우리를 사랑하여 구원해 주신 예수님이 바로 우리의 신랑이 되십니다. 영원한 사랑으로 우리를 품어 주신 예수 그리스도와 함께 영원히 사는 신부가 되었으니 그에 따른 부귀와 영화는 말로 다 할 수 없습니다.

요한계시록 19장 7절부터 8절에 "우리가 즐거워하고 크게 기뻐하며 그에게 영광을 돌리세 어린양의 혼인 기약이 이르렀고 그의 아내가 자신을 준비하였으므로 그에게 빛나고 깨끗한 세마포 옷을 입도록 허락하셨으니 이 세마포 옷은 성도들의 옳은 행실이로다 하더라"고 기록되어 있습니다.

여러분, 한번 생각해 보십시오. 아름다운 세마포 옷을 입고 장엄한 천국의 음악이 연주되는 가운데 신랑 되신 예수님 앞으로 우리가 인도함을 받는 것은 상상할 수 없는 영광인 것입니다.

3. 나는 천국 부자

우리는 이미 천국 부자입니다. 그런 우리가 이 땅에서 부정적이고 파괴적이며 좌절된 생각으로 살면 안 됩니다. 우리의 인생을 물질적인 가치 기준에만 맞추어 계산하지 말아야 합니다. '집이 커서 행복하다, 지위가 높아서 행복하다, 돈이 많으니 행복하다.' 이와 같이 물질적인 것으로만 인생을 바라보면 결국 헛되고 헛되며 모든 것이 헛되다는 탄식과 결론에 이르게 됩니다. 아무리 좋은 집에 살아도 시기하고 분노하고 질투하고 미워하고 원망하면 무슨 소용이 있습니까? 초

가삼간에 살아도 서로 사랑하고 위로하고 격려하며 같이 살면 그것이 행복입니다.

성경은 "사랑하는 자여 네 영혼이 잘됨같이 네가 범사에 잘되고 강건하기를 내가 간구하노라"(요삼 1:2)고 말씀하며, 또 "찬송하리로다 하나님 곧 우리 주 예수 그리스도의 아버지께서 그리스도 안에서 하늘에 속한 모든 신령한 복을 우리에게 주시되 곧 창세전에 그리스도 안에서 우리를 택하사 우리로 사랑 안에서 그 앞에 거룩하고 흠이 없게 하시려고"(엡 1:3-4)라고 말씀합니다. 영혼이 제일 중요합니다. 영적인 가치가 가장 중요한 것이요, 영적인 부자가 가장 큰 부자이며, 신령한 복이 가장 가치 있는 것입니다.

그렇다면 복된 인생은 어떤 것입니까? 감사하는 인생이 진실로 복된 인생입니다. 데일 카네기(Dale Carnegie)가 쓴 「카네기 성공론」을 보면, 헤럴드 에버트라는 사람의 이야기가 나옵니다. 그는 사업에 실패해서 전 재산을 날리고 빚까지 지게 되었습니다. 그런데 어느 날 그가 낙심해서 거리를 걷고 있는데 맞은편에서 두 다리가 없는 장애인이 오고 있었습니다. 그 사람은 롤러스케이트용 바퀴를 단 작은 나무 판자 위에 앉아서 양손에 나무토막을 쥐고 마치 썰매를 타듯이 땅을 찍으며 오고 있었습니다. 그는 처량한 마음으로 자기를 바라보고 있는 에버트와 눈이 마주치자, "안녕하십니까? 참으로 좋은 날입니다."라고 말하며 환한 웃음을 짓고 지나갔습니다. 이에 에버트는 충격을 받았습니다. 그동안 자신이 얼마나 어리석었는가를 깨달았습니다. 자신에게는 가족도 있고 건강도 있고 두 다리도 있는데 모든 것을 다 잃어버린 사람처럼 낙심했던 것이 너무나 부끄러웠습니다. 그날 이후로 에버트는 인생을 새롭게 살기로 결심했습니다. 그는 종이에 한 문구를 적어서 욕실 거울에 붙여 놓고 아침마다 큰 소리로 읽었습니다. 종이에는 이렇게 쓰여 있었습니다.

"나는 신발이 없음을 한탄했는데 거리에서 발이 없는 사람을 만났다."

다리가 없어도 행복하게 사는데 신발 없음을 한탄하고 살면 어떻게 되겠습니까? 우리는 자신에게 있는 것을 생각하고 감사해야 됩니다. 찰스 스펄전(Charles H. Spurgeon) 목사님은 "촛불을 보고 감사하면 전등불을 주시고, 전등불을 보고 감사하면 달빛을 주시고, 달빛을 보고 감사하면 태양을 주시고, 태양을 보고 감사하면 천국을 주신다."고 말했습니다. 예수님께서는 있는 자에게는 더 주시고 없는 자에게는 있는 것조차 빼앗겠다고 말씀하셨습니다. 항상 없는 것을 바라보고, 어두운 것을 바라보고, 부정적인 것을 바라보며 원망과 불평과 탄식을 하는 사람은 언제나 절망 속에서 살 수밖에 없습니다. 그러나 자기에게 있는 것을 가지고 감사하면 하나님께서 기뻐하시며 하나님의 능력을 베풀어 주십니다.

하나님께서는 "감사로 제사를 드리는 자가 나를 영화롭게 하나니 그의 행위를 옳게 하는 자에게 내가 하나님의 구원을 보이리라"(시 50:23)고 말씀하셨습니다. 그러므로 우리는 가진 것을 늘 헤아려 보고 하나님께 감사드려야 합니다. 물질만이 아니라 영적인 것, 즉 주님 안에서 새로운 신분과 긍정적인 자화상과 새로운 지위와 부활의 영광스러운 몸을 얻을 것과 내가 살 천국 집과 나의 신랑 예수님을 생각해 보십시오. 얼마나 내가 부자이며 감사할 것이 넘쳐 나는가를 알게 될 것입니다. 우리가 하나님 앞에 받은 것을 일일이 감사하면 감사가 넘쳐 나고 또 감사할 것이 끝없이 생겨나게 됩니다. 그러므로 눈에 보이지 않는 영원한 영광을 항상 음미하십시오. 불행한 것을 생각하지 말고 행복하고 영광스럽고 성공적인 것을 생각하십시오. 우리의 생각이 우리의 환경과 운명을 만들어 내기 때문입니다.

로마서 5장 2절에 "또한 그로 말미암아 우리가 믿음으로 서 있는 이 은혜에 들어감을 얻었으며 하나님의 영광을 바라고 즐거워하느니라"고 말씀합니다. 또한 로마서 8장 18절에서는 "생각하건대 현재의 고난은 장차 우리에게 나타날 영광과 비교할 수 없도다"라고 말씀합니다. 하나님께서 우리에게 주신 영광은 도저히 돈으로 계산할 수 없는 귀한 것입니다. 그러므로 우리는 고난 가운데에서도 이 영광을 바라보며 기뻐해야 합니다.

뿐만 아니라 우리는 우리가 소유하고 있는 이 영광과 부를 다른 사람들에게 나누어 주며 살아야 합니다. 물질은 나누면 나눌수록 많아지지만, 혼자 움켜쥐고 있으면 썩습니다. 영적인 것도 마찬가지입니다. 영적인 영광과 보배도 남에게 나누어 줄수록 더 많아지고 더 영광스러워지고 더 부요해집니다.

고린도후서 9장 8절부터 10절에는 "하나님이 능히 모든 은혜를 너희에게 넘치게 하시나니 이는 너희로 모든 일에 항상 모든 것이 넉넉하여 모든 착한 일을 넘치게 하게 하려 하심이라 기록된바 그가 흩어 가난한 자들에게 주었으니 그의 의가 영원토록 있느니라 함과 같으니라 심는 자에게 씨와 먹을 양식을 주시는 이가 너희 심을 것을 주사 풍성하게 하시고 너희 의의 열매를 더하게 하시리니"라고 기록되어 있습니다. 그리스도 안에서 우리는 물질적으로 가난한 사람에게 우리에게 있는 물질을 나누어 주어야 합니다. 그리고 영적으로 가난한 사람에게 그리스도를 전하고, 그리스도의 영광을 알려 주고, 그 안에서 얻는 하나님의 축복과 부귀와 영화와 영광을 말하여 영적인 복을 나누어 주어야 합니다. 그리하면 우리의 의가 영원히 있고 하나님께서 풍성한 축복으로 채워 주시는 것입니다.

세상에 잠시 있다 없어지는 물질이 하늘나라에 심겨지면 영원한 것으로 변화됩니다. 우리에게 있는 것을 다른 사람들에게 나누어 주면 그 모든 것이 하늘나라에 넘치는 영광으로 저축되는 것입니다. 성경은 "스스로 속이지 말라 하나님은 업신여김을 받지 아니하시나니 사람이 무엇으로 심든지 그대로 거두리라"(갈 6:7)고 말씀합니다. 우리가 심는 것은 다 성령의 온라인을 통해 천국에 있는 우리의 구좌에 예금되는 것입니다.

우리는 예수님의 이름을 의지하고 하늘나라에 가지만,

장차 그곳에서 누리게 될 영광은 이 땅에 사는 동안 얼마나 많은 물질과 영적인 것을 심었는가에 달려 있습니다. 심지 않고 거두는 법은 결코 없습니다. 그러므로 우리는 천국 부자답게 항상 긍정적인 마음으로 부요의식을 가지고 기쁨과 감사를 드리며 천국 소망을 가지고 우리에게 있는 것을 나누고 베풀며 살아야 됩니다. 또한 우리는 예수 그리스도 안에서 받은 새로운 신분과 긍정적인 자화상과 고귀한 지위를 마음에 새기고 그에 합당한 삶을 살며 우리가 영광스럽게 부활할 날을 바라보아야 합니다. 값으로 따질 수 없는 천국을 상속으로 받고 예수 그리스도의 신부가 되었으면서도 여전히 부정적인 자화상을 가지고 자신을 비하하여 생각하고 바라보고 말하고 행동하면 안 됩니다. 하나님의 말씀을 통하여 생각을 바꾸고, 자신을 보는 눈을 바꾸고, 믿음을 바꾸고, 말을 바꾸고, 생활을 바꾸십시오. 그리하여 천국 부자답게 살게 되시기를 주님의 이름으로 축원합니다.

참성공의 원리

"네가 이 세대에서 부한 자들을 명하여 마음을 높이지 말고 정함이 없는 재물에 소망을 두지 말고 오직 우리에게 모든 것을 후히 주사 누리게 하시는 하나님께 두며 선을 행하고 선한 사업을 많이 하고 나누어 주기를 좋아하며 너그러운 자가 되게 하라 이것이 장래에 자기를 위하여 좋은 터를 쌓아 참된 생명을 취하는 것이니라"(딤전 6:17-19)

이 세상 모든 사람들은 삶에서 성공하기를 간절히 원합니다. 하나님께서도 사람들이 참으로 성공하고 행복하게 살기를 원하십니다. 그런데 대다수의 사람들은 성공과는 거리가 먼 생활 철학을 가지고 탐욕과 욕심 위주의 생활 태도로 살고 있습니다. 남에게 주지 않고 받으려고만 하고 남을 기쁘게 해 주기보다 자신의 기쁨만을 추구하는 것이 오늘날 세상 사람들의 일반적인 태도입니다.

성도들도 다르지 않습니다. 성도들 중에도 하나님께 드리기보다는 달라고만 하고 하나님을 기쁘시게 하기보다는 하나님께로부터 기쁨과 만족을 얻으려고만 하는 태도로 자기중심적인 신앙생활을 하는 사람들이 많습니다. 그러나 삶에서 성공하기를 원한다면 자기중심적인 태도를 버려야 합니다.

저는 은퇴한 후에 백만장자가 된 미국의 한 노인의 이야기를 읽고 마음에 큰 감동을 받았습니다. 웨이만 프레슬리(Wayman Presley)라는 이 노인은 일리노이 주의 마칸다 읍에서 이십 년 동안 우편배달부로 근무하다가 은퇴를 했습니다. 그가 은퇴할 당시 재산이라고는 은행 예금 1,100달러와 보잘 것없는 연금이 전부였습니다. 그럼에도 불구하고 그는 은퇴 후 여행사를 시작하여 큰 성공을 해서 미국 전역에 지사를 둔 기업인이 되었습니다. 본래 그는 꽃과 나무를 사랑하고 동물을 사랑하는 사람이었습니다. 그래서 우편물을 배달하러 다닐 때에도 만나는 사람들에게 나무와 꽃, 새, 동물 등에 관하여 이야기해 주는 것을 좋아했습니다. 그러다가 은퇴를 한 후 그는 평소에 바다 보기를 소원했던 사람들에게 바다 구경을 시켜 주면 좋겠다는 생각을 하게 되었습니다. 미국은 땅이 넓기 때문에 평생을 살아도 바다를 보지 못하는 사람들이 많았습니다. 그는 이런 사람들을 위해 무보수로 가이드 역할을 자청하고 관광객을 모집했습니다. 그러자 놀랍게도 540명이나 모였습니다. 그는 자신의 여행 경비는 스스로 부담하고 관광객들을 친절하고 상냥하게 안내해 주었습니다. 관광객들은 그가 베푼 호의와 친절에 감동하여 관광이 끝난 후 조금씩 돈을 모아 그에게 120달러를 주었습니다. 이 일을 계기로 그의 자상한 관광 안내는 금세 소문이 나서 여행을 원하는 사람들이 모여 그에게 관광 안내를 해 달라는 요청이

쇄도하기 시작했습니다. 그래서 그는 여행사를 세우게 되었는데, 이 여행사가 얼마나 눈부시게 성장하고 발전했던지 한 해 매출액이 700만 달러나 되는 기업으로 성장했습니다.

웨이만 프레슬리가 이처럼 인생의 황혼에 큰 성공을 한 비결은 먼저 전심전력으로 사람들을 섬기고 그들을 기쁘게 하는 것이었습니다.

인생의 성패가 어떻게 결정됩니까? 인생의 성패는 삶의 자세와 태도에 달려 있는 것입니다.

1. 하나님의 원리

하나님께서는 전 우주를 창조하셨음에도 불구하고 끊임없이 주시는 것을 그 존재의 근원으로 삼고 계십니다. 하나님께서는 이 세상에 찬란한 태양과 밝은 달, 공기와 물을 주셨으며, 저 푸른 바다와 그 안에 사는 수많은 어족들을 주셨고, 오곡백과를 주셨고, 더 나아가 우리에게 삶을 값없이 주셨습니다. 더욱이 하나님께서는 죄짓고 불의하며 추악하여 버림을 받아야 마땅한 우리 인생들에게 그 아들 예수 그리스도를 아끼지 않고 주셔서 우리를 위한 희생 제물로 삼으셨습니다. 이에 대해 성경은 "하나님이 세상을 이처럼 사랑하사 독생자를 주셨으니"(요 3:16)라고 말씀하고 있습니다. 주고 또 주는 것, 이것이 바로 하나님의 원리입니다. 그러므로 하나님과 함께하려면 주기를 원하시는 하나님과 그 마음이 같아야 합니다.

하나님께는 이기주의라는 것이 있을 수 없습니다. 예수님을 보십시오. 하나님의 뜻을 좇아 하늘 보좌와 그 영광을 버리고 이 땅에 오셔서 33년 동안 사람들에게 자기의 생명을 부어 주는 일을 하셨으며, 종국에는 십자가에 달리셔서 자기 몸을 스스로 내어 주셨습니다. 예수님께서는 누가 강요해서 십자가에 달리신 것이 아닙니다. 우리를 살리시기 위하여 스스로 생명을 내어 주신 것입니다.

예수님께서는 십자가에 못 박혀 몸 찢기고 피를 흘리심으로써 우리의 과거와 현재와 미래의 죄악을 모두 청산해 주셨으며, 십자가를 통하여 하나님과 우리의 원수 된 것을 폐하시고 하나님과 우리 사이를 화목하게 해 주셨습니다. 그러므로 누구든지 예수님을 믿으면 십자가를 통해 놀라운 축복을 받게 됩니다. 십자가를 통해 죄 사함을 받고 의롭다 칭함을 받으며 멸망하지 않고 영생을 얻게 됩니다. 십자가를 통해 성령 충만을 받아 성령의 능력을 힘입어 살게 됩니다. 십자가를 통해 병을 치료받고 건강한 삶을 살게 됩니다. 십자가를 통해 아담의 타락으로 다가온 모든 저주에서 해방되어 아브라함의 축복을 받게 됩니다. 십자가를 통해 죽음과 지옥과 영벌을 면하고 영원한 천국과 영생을 얻게 됩니다. 이처럼 예수님께서는 우리에게 오중복음의 은혜를 주시기 위해 십자가에 달려 자신의 생명을 내어 주신 것입니다.

보혜사 성령님은 어떻습니까? 성령님께서는 오늘날 교회 가운데 와 계시며 우리 한 사람 한 사람 속에 오셔서 우리의 연약함을 도우시고 우리를 붙들어 주십니다. 또한 성령님께서는 우리를 가르치시고 깨우치시고 회개하게 하시고 성결하게 하시고 변화시키시고 승리하도록 역사하십니다.

우리를 성공으로 이끄는 하나님의 원리는 주는 것입니다. 그렇기 때문에 우리가 성공적인 인생을 살려면 이러한 하나님의 원리를 배우고 그 가르침을 좇아 살아야 합니다.

성경은 "그러므로 무엇이든지 남에게 대접을 받고자 하는 대로 너희도 남을 대접하라 이것이 율법이요 선지자니라"(마 7:12)고 말씀합니다. 대개 사람들은 남에게 대접받기를 좋아합니다. 그런데 하나님께서 인생을 바라보시는 태도와 인간 스스로 인간 세계를 바라보는 태도는 다릅니다. 사람들이 탐욕을 가지고 먼저 대접을 받고 섬김을 받으려고 하는 것은 하나님께서 세우신 우주의 법칙을 거역하는 것입니다. 이러한 태도로는 하나님께 은총과 축복을 받을 수 없습니다.

저는 한국 사람들이 하나님 앞에서 잘살 수밖에 없는 기질을 갖고 있다고 확신합니다. 제가 복음을 증거하기 위해 세계 곳곳을 다녀 보았지만 한국 사람처럼 주기를 원하고 대접하기를 좋아하는 민족은 없었습니다. 상다리가 휘어지게 손님을 대접하는 나라는 한국밖에 없습니다. 다른 나라에서 그런 대접을 받으려고 하면 안 됩니다. 저는 예전에 미국 사람들이 한국에 오면 우리 집에 모셔서 상다리가 휘어지도록 대접을 했습니다. 그런데 다음에 미국에 갔다가 미국 사람 집에 초대를 받아서 갈 기회가 있었는데, 조그마한 닭다리 하나밖에 대접을 받지 못했습니다. 저는 미국 사람들도 당연히 상다리가 휘어지게 대접해 줄 줄 알고 있다가 이런 대접을 받고 얼마나 낙심하고 탄식했는지 모릅니다. 나중에는 '사람을 어떻게 보고 이런 대우를 하는가?' 라는 생각도 들었습니다. 그런데 나중에 알고 보니 그것이 미국 사람들의 보편적인 습관이었습니다.

주기를 좋아하는 민족은 하나님의 원리를 따라 살고 있기 때문에 이 세상에서 망하지 않습니다. 성경은 "주라 그리하면 너희에게 줄 것이니 곧 후히 되어 누르고 흔들어 넘치도록 하여 너희에게 안겨 주리라"(눅 6:38)고 말씀합니다. 또 "먼저 그의 나라와 그의 의를 구하라 그리하면 이 모든 것을 너희에게 더하시리라"(마 6:33)고 말씀합니다. 주고 또 주시는 하나님의 원리는 주기를 좋아하는 우리나라의 민족성과 일치합니다. 오늘날 우리나라에서 예수 믿는 사람이 많이 나오고 하나님의 역사가 크게 일어나는 것은 우리 국민의 마음 바탕이 하나님의 원리와 일치하는 점이 많기 때문이라고 생각합니다.

2. 마귀의 원리

인생을 성공하게 만드는 하나님의 원리가 있는 반면 인생을 실패하게 만드는 마귀의 원리도 있습니다. 마귀는 섬김을 받으려고 하고 빼앗으려고 하며 자기 혼자 기쁨을 독차지

하려고 합니다.

원래 마귀의 이름은 루시퍼였습니다. 그는 하나님의 보좌를 덮는 그룹이었습니다. 천사 중에 가장 힘 있고 아름다운 천사였습니다. 그러나 그는 자신의 영화로움을 바라보고 자신의 아름다움과 능력에 도취되어 잘못된 마음을 품었습니다. 하나님의 원리를 바꾸어 마귀의 원리로 만든 것입니다. 그는 섬기려고 하지 않고 오히려 섬김을 받으려는 마음을 품었습니다. 섬기기 위해 만들어진 자가 섬김을 받으려 하고 기쁨을 드리기 위해서 만들어진 자가 기쁨을 독차지하려고 한 것입니다. 이와 같이 자신을 하나님과 동등하게 생각하고 스스로 하나님처럼 되어서 섬김을 받으려고 하는 교만으로 인하여 그는 하나님의 심판을 받아 사탄, 즉 마귀가 되어 하늘에서 쫓겨났습니다.

하나님께서는 하나님의 형상과 모양을 따라 아담과 하와를 만드시고 그들을 먹기도 좋고 보기도 좋은 실과가 많고 상함이나 해함이 없는 에덴동산에서 살게 하셨습니다. 하나님께서는 아담과 하와가 하나님과 교제하며 하나님의 원리를 좇아 살기를 원하셨습니다. 그런데 원수 마귀가 와서 마귀의 원리를 아담과 하와에게 심어 주었습니다. 마귀는 선악과를 따 먹으면 하나님처럼 될 수 있다는 말로 그들을 유혹했습니다. 그러자 아담과 하와는 하나님을 반역하고 말았습니다. 그 결과 아담과 하와는 하나님의 축복의 자리에서 쫓겨났으며 온 인류를 저주의 가시와 엉겅퀴 속으로 집어넣고 만 것입니다.

아담과 하와에게는 가인과 아벨이라는 두 아들이 있었는데, 이 둘의 생활 철학은 완전히 달랐습니다. 하나님께서는 제사를 드릴 때 장차 온 인류를 위해 십자가를 지실 예수님을 상징하는 어린 양을 잡아 그 기름과 피로써 제물을 드리라고 명령하셨습니다. 아벨은 이러한 하나님의 뜻을 따라 제단을 쌓고 어린 양을 잡아 그 피를 흘리고 그 기름을 제물로 드렸습니다. 이에 하나님께서는 하늘로부터 불을 내려 그 제물을 받으시고 기뻐하셨습니다. 하나님의 뜻대로 하나님을 섬긴 아벨은 하나님께 의인으로 인정받았습니다.

가인도 똑같이 하나님께 제단을 쌓았습니다. 그러나 그는 하나님의 뜻대로 제물을 드리지 않았습니다. 가인은 양의 피와 기름을 드리지 않고 곡식을 제물로 드렸습니다. 그는 자신의 생각을 앞세워 자기가 농사지은 곡식을 드림으로써 자기를 자랑하고 자신을 기쁘게 하려고 했던 것입니다. 한부모에게서 난 형제인데도 아벨은 하나님의 원리를 따라 성공적인 삶의 원리를 터득하여 하나님의 뜻대로 살았고 가인은 마귀의 원리를 따라 이기주의적이고 탐욕적으로 살았습니다. 하나님께서는 마귀의 원리를 따라 제사를 드린 가인의 제물에 응답하시지 않았습니다. 그러자 가인은 하나님께 응답을 받은 아벨을 시기하여 그를 쳐 죽이고 말았습니다.

오늘날 수많은 교회가 있지만 모든 교회가 다 하나님께서 기뻐하시는 교회는 아닙니다. 가인의 제단도 있고, 아벨의 제단도 있습니다. 교회 건물을 지어 놓고 십자가를 달고 성경을 읽고 찬송을 하고 기도를 하더라도 정말 하나님의 원리를 따르는가를 살펴보아야 어떤 교회인지 알 수 있습니다. 교회가 하나님의 뜻을 좇아 주 예수 그리스도를 중심으로 모시고 예수님의 보배로운 피와 성경의 말씀을 따르고 있다면 하나님께서 기뻐하시는 제사를 드리고 있는 것입니다. 그러나 어떤 교회는 인간의 정치적인 이념이나 사회 운동을 제단에 얹어 놓습니다. 그들은 예수님의 십자가 보혈을 전하지 않고 자신의 소신, 자신의 이상을 전합니다. 세속적인 이상 사회를 건설하는 것을 교회의 목적으로 삼고 있는 것입니다.

외적으로 보면 좋은 것 같아도 이런 제단은 하나님께서 기뻐하시는 제단이 아닙니다. 하나님을 기쁘시게 하고 하나님을 섬기는 것이 아니라 사람을 기쁘게 하고 사람을 섬기는 우상의 제단이므로 하나님께서는 그 제단을 버리십니다. 이러므로 교회에 다닌다고 다 똑같은 것이 아닙니다. 제단을 잘못 택하면 하나님을 섬기는 대신 인본주의적인 우상을 섬기다가 결국에는 하나님의 심판을 받아 지옥에 떨어질 수밖에 없는 위험에 처하게 되는 것입니다.

우리는 이 세상에서 마귀의 원리인 탐욕과 이기주의에 빠져서는 안 됩니다. 내게만 달라고 하는 내 중심으로 살면 안 됩니다. 나를 기쁘게 하고 나를 섬기며 살면 올무에 빠지고 파멸해 버리고 말기 때문입니다.

3. 참생활의 지혜

성공한 삶을 살기 위해서는 참생활의 지혜가 있어야 합니다.

우리는 하나님과 이웃을 사랑함으로써 우리 역시 사랑

을 받을 수 있습니다. 이 세상 사람들은 누구나 사랑에 갈급합니다. 하나님은 사랑이십니다. 이 하나님께서 자기의 형상과 모양을 따라 사람을 지으셨습니다. 그렇기 때문에 사람은 사랑 없이 살 수 없습니다. 그런데 마귀가 사람들의 마음속에 사랑과 정반대되는 미움을 심어 놓았습니다. 이 때문에 타락한 인간은 미움의 종이 되어 서로 미워하고 물고 찢고 살지만, 마음속 깊은 곳에서는 사랑을 간절히 찾고 있습니다. 남녀노유, 빈부귀천 구별 없이 모든 사람이 사랑을 찾습니다.

오늘날 수많은 가정이 파괴되어 사회적으로 큰 문제가 되고 있습니다. 왜 가정이 파괴됩니까? 그것은 물질이 없어서가 아니라 부부간에 사랑과 이해와 동정이 부족하기 때문입니다. 자녀들이 집을 뛰쳐나가 사회에 물의를 일으키는 것도 부모의 사랑과 이해와 동정이 부족하기 때문입니다. 오늘날 사회가 이렇게 어수선하고 분쟁으로 꽉 들어찬 것 역시 서로가 이해하고 동정하는 사랑이 부족하기 때문입니다.

그러므로 참생활의 지혜란 하나님과 이웃을 사랑하며 사는 것입니다. 내가 먼저 이웃을 사랑하면 나도 사랑을 받게 됩니다. 이와 반대로 내가 이웃을 사랑하지 않으면 나도 사랑을 받지 못하게 됩니다. 먼저 주어야 합니다. 주지 않고 받으려고만 하는 것은 마귀의 원리이지 하나님의 원리가 아닙니다.

기쁨도 한가지입니다. 우리가 먼저 하나님과 이웃을 기쁘게 하면 우리도 기쁨을 얻게 됩니다. 남편이 먼저 아내를 기쁘게 하면 아내도 기쁨을 줄 것입니다. 아내가 먼저 남편을 기쁘게 하면 남편으로부터 기쁨을 얻을 것입니다. 자녀가 먼저 부모님을 기쁘게 해 드리면 부모님으로부터 기쁨을 얻을 것입니다. 부모가 먼저 자녀에게 기쁨을 주면 자녀로부터 즐거움을 얻게 될 것입니다. 하나님을 기쁘시게 하는 데 전력을 기울이십시오. 하나님께서 기쁨을 부어 주실 것입니다. 이웃을 도우십시오. 이웃으로부터 도움을 받게 될 것입니다.

장사도 마찬가지입니다. 장사는 가장 품질이 좋은 상품으로 사람들을 행복하게 해 주어야 합니다. 자기의 잇속을 챙기기 위해 이웃을 속이고 엉터리 물건을 팔면 일시적으로는 성공할지 몰라도 나중에는 파탄에 이르게 됩니다. 이와 반대로 사람들의 삶을 윤택하고 부유하게 하려는 마음으로 좋은 물건을 팔면 입소문이 나서 단골이 많이 생기고 그로 말미암아 사업도 번창하게 됩니다. 이것이 바로 하나님의 원리입니다.

오늘날 교회에 출석하는 성도들 가운데 많은 사람들이 철야하고 금식하고 기도하면서도 섬기려는 근본적인 마음보다는 섬김을 받고자 하는 마음을 갖고 있습니다. "하나님, 나를 섬겨 주십시오. 나의 문제를 해결해 주시고, 나의 가족을 구원해 주시고, 나의 병을 고쳐 주시고, 나에게 축복을 주시고, 내게 행복을 주십시오." 이처럼 하나님을 마치 도깨비 방망이인 양 이용해서 섬김을 받고 출세하고 자신의 즐거움만 추구하려고 합니다. 이러한 신앙은 자칫 기복 신앙으로 이어져 미신적인 신앙으로 떨어지게 됩니다.

우리가 참으로 하나님께 복을 받는 길은 하나님과 이웃을 섬기는 데에 있습니다. 우리가 하나님과 이웃을 섬기며 살면 하나님께서 더 잘 섬길 수 있도록 우리에게 복을 주십니다. 하나님을 섬기고 교회를 섬기고 이웃을 섬기기 위해 지혜와 총명과 건강과 축복과 성공을 구하면 하나님께서 주십니다. 그러나 섬기려는 마음 없이 자기 욕심을 채우기 위해 복을 구하는 것은 하나님께서 응답해 주시지 않습니다.

아담의 후손으로 태어난 사람들은 나면서부터 탐심과 욕

심의 노예입니다. 정도의 차이가 있을 뿐 모두 다 노예 상태에 있습니다. 그렇기 때문에 사람들의 삶의 방식이 자기중심적이고 이기적이며, 그로 인해 분쟁과 싸움과 시기와 분노와 질투와 전쟁과 살상이 끊이지 않습니다. 자기중심주의와 이기주의가 판치는 곳에는 죄와 사망과 분쟁과 고통이 끊이지 않을 뿐 아니라 삶이 불행하고 실패로 끝나고 맙니다.

우리는 참행복과 성공적인 삶은 바로 하나님을 닮은 삶이라는 것을 알아야 합니다. 모든 삶의 동기와 목적을 하나님과 사람을 섬기는 데 두지 않으면 우리는 결코 참평안과 행복과 기쁨을 누릴 수 없습니다. 겉으로 보기에는 하나님 중심의 섬기는 삶이 어리석은 것처럼 보이지만, 세월이 흐르면 그 길이 참성공과 승리와 축복의 길임을 알게 됩니다.

그러므로 하나님의 아들 예수 그리스도를 믿고 구원받은 우리는 시간을 드리고 물질을 드리고 몸을 드리고 정성을 드려서 하나님을 섬겨야 합니다. 또한 주님 안에서 우리의 이웃을 그리스도의 사랑으로 섬겨야 합니다. 그리할 때 하나님께서 하늘 문을 여시고 우리에게 영혼이 잘됨같이 범사에 잘되며 강건하고 생명을 얻되 넘치게 얻는 축복을 부어 주실 것입니다.

축복의 노다지

"흩어 구제하여도 더욱 부하게 되는 일이 있나니 과도히 아껴도 가난하게 될 뿐이니라 구제를 좋아하는 자는 풍족하여질 것이요 남을 윤택하게 하는 자는 자기도 윤택하여지리라"(잠 11:24-25)

조선 시대 말에 서구 열강이 우리나라와 수교를 맺고 이 땅에 들어오게 되었습니다. 그중에는 광산 탐사 전문가들도 있었습니다. 특히 미국과 유럽에서 온 광산 탐사 전문가들은 우리나라 곳곳에 있는 금, 은, 동, 철광을 탐사하여 금이 나올 만한 곳에는 'No Touch!'라고 쓴 팻말을 세워 놓았습니다. 당시 조선인들은 영어를 잘 몰랐기 때문에 'No Touch!'라는 팻말이 세워진 곳에는 금이 넘쳐 난다고 생각했습니다. 그래서 생겨난 단어가 '노다지'입니다. 이 단어는 지금까지도 어려움 없이 많은 이익을 얻을 수 있는 일이나 사업을 가리키는 말로 사용되고 있습니다.

그런데 놀라운 것은 우리 예수 믿는 사람들에게는 '노다지'가 있다는 사실입니다. 바로 성경이 우리의 노다지입니다. 성경은 우리 인생을 성공하고 축복받고 능력 있게 살게 하는 천국 보화가 넘쳐 나는 노다지인 것입니다. 성경에 있는 노다지 중의 하나는 '심고 거두는 법칙'입니다. 우리가 이 법칙을 올바로 이해하여 실천하면 부족함이 없는 성공적인 인생을 살아갈 수 있습니다.

1. 심고 거두는 자연의 법칙

성공학자 지그 지글러(Zig Ziglar)의 「세계의 지혜」라는 책에 지혜에 관한 흥미로운 이야기가 나옵니다. 하루는 왕이 지혜 있는 학자들을 불러 "세계의 지혜를 정리해 오라!"고 명령했습니다. 그러자 학자들이 전 세계의 지혜를 다 모아 12권의 책으로 정리해서 왕에게 가져왔습니다. 왕은 고개를 설레설레 흔들며 "너무 많으니 줄여서 1권의 책으로 만들어 오라."고 다시 명령했습니다. 학자들은 머리를 맞대고 내용을 줄이고 줄여서 1권의 책으로 만들었습니다. 그러나 왕은 책이 너무 두껍다며 한 페이지로 줄여서 가져오라고 명령했습니다. 학자들이 고심하며 애쓴 끝에 한 페이지로 줄였지만, 이번에도 왕은 한 페이지도 많다면서 한 줄로 줄여 오라는 것이었습니다. 그래서 학자들이 지혜에 관한 내용을 한 줄로 정리해서 왕에게 가져왔는데, 그 내용이 바로 '공짜는 없다.'

입니다.

　세상에 공짜는 없습니다. 자연의 법칙도 '심은 대로 거두는 것'입니다. 우리가 인생을 살아가면서 거두는 모든 것은 언젠가 심었던 것입니다. 우리 조상 때 심었던지, 아니면 내가 이전에 심었던 것입니다. 심지 않고 거두는 일은 없습니다. 하나님께서는 홍수로 땅을 심판하신 후에 "땅이 있을 동안에는 심음과 거둠과 추위와 더위와 여름과 겨울과 낮과 밤이 쉬지 아니하리라"(창 8:22)고 말씀하셨습니다. 심고 거두는 법칙은 이 땅이 존재하는 동안 계속되는, 하나님께서 세우신 법칙인 것입니다.

　어떤 아버지에게 몹시 게으른 두 아들이 있었습니다. 그들은 공짜만 바라고 일을 하지 않았습니다. 아버지는 세상을 떠나기 전에 두 아들을 불러 놓고 유언을 했습니다. "내가 너희를 위해 밭에 황금을 숨겨 두었다. 그러니 내가 죽은 후에 황금을 찾아서 너희 형제끼리 오순도순 잘 살아라." 두 형제는 아버지의 장례식을 치른 후 황금을 찾을 생각에 뛸 듯이 기뻐하며 밭으로 갔습니다. 그런데 밭이 너무 넓어서 황금을 쉽게 찾을 수가 없었습니다. 두 형제는 이마를 질끈 동여매고 열심히 땅을 팠습니다. 일꾼들까지 동원하여 밭을 샅샅이

다 팠습니다. 하지만 황금은 나오지 않았습니다. 그들은 실망했습니다. 그러나 정신을 차리고 보니, 황금을 찾기 위해 밭을 다 갈아엎어서 개간이 잘되어 있었습니다. 그들은 '기왕에 개간해 놓았으니 씨나 뿌려 보자.'라고 생각하고 밭에 씨를 뿌렸습니다. 그런데 가을이 되어 누렇게 익은 곡식이 바람에 나부끼는 것을 보니 황금물결 같았습니다. 그때야 비로소 그들은 '그렇구나! 아버지가 황금을 숨겨 놓았다는 것이 바로 이것이구나!' 하고 깨달았습니다.

아무것도 심지 않고 일확천금을 꿈꾸는 것은 참으로 헛된 일입니다. 심어야 거두는 것입니다.

2. 심고 거두는 영적 법칙

심고 거두는 법칙은 영적으로도 적용됩니다. 성경은 "스스로 속이지 말라 하나님은 업신여김을 받지 아니하시나니 사람이 무엇으로 심든지 그대로 거두리라 자기의 육체를 위하여 심는 자는 육체로부터 썩어질 것을 거두고 성령을 위하여 심는 자는 성령으로부터 영생을 거두리라"(갈 6:7-8)고 말씀합니다. 무엇이든지 심은 대로 거두는 것입니다. 그래서 우리 속담에 "콩 심은 데 콩 나고 팥 심은 데 팥난다."라는 말이 있습니다. 이와 마찬가지로 우리가 미움을 심고 사랑을 거둘 수 없습니다. 사랑을 심어 놓아야 나중에 사랑을 거두게 됩니다. 옛말에 "자녀를 위해서 재산을 남겨 놓지 말라 방탕할 것이요, 책을 남겨 놓지 말라 다 읽어 내지 못할 것이요, 많은 덕을 세워 놓아라 그러면 자녀들이 훗날에 많은 도움을 받을 것이다."라고 하였습니다. 덕을 쌓아 놓으면 반드시 그 심은 대로 당대나 자손 대에 거두는 것입니다.

오스트리아의 심리학자 알프레드 애들러(Alfred Adler) 박사는 많은 우울증 환자들과 정신 질환에 걸린 사람들을 치료했는데, 그 치료 방법이 독특합니다. 그는 처방전에 "2주 동안 매일 당신이 어떻게 하면 남을 기쁘게 해 줄 수 있을지 궁리하고 그것을 실천하시오."라고 썼습니다. 대부분의 사람들이 애들러 박사의 명성에 기대를 하고 왔다가 실망하고 돌아갔습니다. 그러나 애들러 박사를 믿고 그의 처방을 따른 사람들은 큰 효과를 보았습니다. 그들은 2주 동안 어떻게 하면 가족과 이웃에게 선을 행하고 사랑을 베풀 수 있을지 연구했습니다. 그리고 자기 자신에 대한 관심을 가족과 이웃에게로 돌리고 사랑을 베풀었습니다. 그 결과 그들의 정신 질환이 치료되었을 뿐만 아니라 행복감도 느꼈습니다. 사랑과 기쁨을 심자 치료와 행복을 거두게 된 것입니다.

그런데 마귀는 사람들로 하여금 심지 않는 데서 거두려고 하게 만듭니다. 스스로 노력하지 않고 다른 사람의 것을 빼앗게 만드는 것입니다. 이러한 마귀의 계략에 넘어가면 탐욕의 노예가 되어 망하고 맙니다.

우리의 신앙생활에서 심고 거두는 법칙이 적용되는 것 중 제일 중요한 것은 십일조입니다. 하나님께서는 열 개를 우리에게 주시고 그중 하나를 믿음의 증거로 하나님께 바치라고 하셨습니다. 그러므로 십일조는 하나님의 것입니다. 우리가 믿음으로 하나님께 온전한 십일조를 심으면, 하나님께서 쌓을 곳이 없도록 풍성히 거두게 하십니다.

저는 1956년에 처음 서울에 왔는데, 당시에는 서울이 어디 있는지도 몰랐습니다. 부산에서 완행열차를 타고 12시간 이상 걸려서 서울에 도착하는데, 오는 도중 기차가 추풍령 고개를 넘지 못하고 몇 번이나 뒷걸음질을 쳤습니다. 추풍령 고개를 올라가던 기차가 자꾸 뒤로 미끄러져 내려가서 그때마다 승객들이 다 내려서 기차를 밀면서 우여곡절 끝에 천안까지 왔는데, 막상 서울이 가까워지니 저는 점점 더 애간장이 탔습니다. 서울에는 제가 있을 곳도, 아는 사람도 전혀 없었기 때문입니다. 그때 저는 야곱을 기억하고 하나님께 기도했습니다. "하나님, 제가 있을 곳도 아는 사람도 없는 서울에 빈손으로 갑니다. 주님께서 있을 곳과 먹을 것을 주시고 살 길을 열어 주시면 저에게 주시는 축복 중 10분의 1은 절대로 도둑질하지 않고 드리겠습니다. 제가 십일조는 반드시 하나님께 드리겠으니 저를 돌보아 주옵소서." 그 기도가 50여 년이 지난 지금도 저의 뇌리에서 사라지지 않습니다. 저는 그 날 이후로 지금까지 한 번도 십일조를 도둑질해 본 적이 없습니다. 하나님께 약속드린 대로 빠짐없이 십일조를 심었고, 하나님께서는 한 번도 저를 굶게 하지 않으셨습니다. 입혀 주시고 먹여 주시고 거할 곳도 마련해 주셨습니다. 저는 이 십일조의 체험을 통해 심고 거두는 영적 법칙을 잘 알게 되었습니다.

미국에서 매우 큰 보험회사를 경영하는 제임스 윌비라는 사람은 자신의 성공 비결을 묻는 질문에 이렇게 대답했습니다. "해답은 아주 간단합니다. 수년 전에 저는 '나를 존중히 여기는 자를 내가 존중히 여기고'(삼상 2:30)라는 말씀에 의

지해서 주님과 계약을 맺었습니다. 그리고 십일조를 드리기 시작했습니다. 그 이후로 하나님께서 나를 놀랍게 축복해 주셨습니다."

미국의 실업가 알버트 알렉산더 하이드(Albert Alexander Hyde)는 10의 9조를 드린 사람으로 유명합니다. 그는 한때 파산하여 만 달러의 빚을 지고 아홉 자녀의 생계를 염려할 정도로 생활이 어려웠습니다. 그런데 그때 그는 그 어려운 상황 가운데에서 오히려 십일조를 드리기로 결심하고 빌려온 돈에서도 철저하게 십일조를 떼어 하나님께 드렸습니다. 사람들은 "남의 돈을 빌려서 살면서 왜 십일조를 드리느냐?"며 그를 비웃고 비난했지만, 그때마다 그는 "사람에게 빚진 것도 무서운데 하나님께 빚지고서야 어떻게 머리를 들고 살겠는가? 하나님께 빚지는 것이 더 무서운 일이다."라고 말했습니다. 그는 십일조를 드리면서 하나님께 축복을 달라고 기도했습니다. 이에 하나님께서 그에게 복을 주셨습니다. 하나님께서는 그가 '멘소래담'을 개발하여 세계적인 기업가가 되게 해 주셨습니다. 그 결과 그는 수입의 10분의 9를 하나님께 드리고 나머지 10분의 1만으로 회사를 경영하고 가족들과 풍족하게 생활할 수 있게 된 것입니다.

미국의 부호인 록펠러(John D. Rockefeller) 역시 철저한 십일조 생활로 유명합니다. 그는 "어린 시절 내가 받은 첫 월급은 1달러 50센트였는데, 그때부터 지금까지 철저한 십일조 생활을 했다. 그랬더니 하나님께서 축복을 부어 주시는데, 나중에는 감당하지 못할 정도로 부어 주셔서 지금은 십일조를 계산하는 직원만 40명을 두었다. 십일조를 드리는 사람은 가난하게 사는 법이 없다. 하나님은 십일조를 바치는 자에게 쌓을 곳이 없도록 복을 내려 주시겠다고 약속하시지 않았는가?"라고 말했습니다.

맞습니다. 성경은 "만군의 야훼가 이르노라 너희의 온전한 십일조를 창고에 들여 나의 집에 양식이 있게 하고 그것으로 나를 시험하여 내가 하늘 문을 열고 너희에게 복을 쌓을 곳이 없도록 붓지 아니하나 보라"(말 3:10)고 말씀합니다. 하나님을 시험해 보십시오. 어떤 때는 좀 더디 이루어지는 것 같아도 참고 견디며 기도하면 하나님의 약속은 반드시 이루어집니다.

우리의 신앙생활에서 심고 거두는 법칙이 적용되는 것 중 또 한 가지 중요한 것은 구제입니다. 십일조가 하나님께 드리는 것이라면, 구제는 이웃에게 나누어 주는 것입니다.

구제는 텃밭에 축복의 씨앗을 심는 것과 같습니다. 그러므로 이웃이 가난하고 헐벗고 굶주리고 고통 가운데 있다면 하나님께서 우리에게 텃밭을 주셨다고 생각하면 됩니다. 우리가 이웃을 구제하면 나중에 하나님께서 거두게 하십니다. 성경은 "기록된바 그가 흩어 가난한 자들에게 주었으니 그의 의가 영원토록 있느니라 함과 같으니라"(고후 9:9)고 말씀합니다. 우리가 구제하면 그 의로움이 하나님 앞에 영원히 기억된다는 것입니다.

로마의 백부장이었던 고넬료는 이웃을 구제함으로써 하나님께 선택받은 대표적인 인물입니다. 하루는 그가 기도하는데 천사가 나타나 "네 기도와 구제가 하나님 앞에 상달되어 기억하신 바가 되었으니 네가 지금 사람들을 욥바에 보내어 베드로라 하는 시몬을 청하라"(행 10:4-5)고 말했습니다. 고넬료는 비록 이방인이었지만 하나님께서 그의 구제를 기억하시고 베드로를 통해 복음을 듣고 성령을 받게 하신 것입니다.

과부였던 도르가도 구제를 많이 했던 사람입니다. 그녀가 죽은 후 베드로가 제자들의 청을 받고 왔을 때 그녀의 도움을 받았던 많은 과부들이 모두 베드로의 곁에 서서 울며 그녀가 생전에 지은 속옷과 겉옷을 다 내보였습니다(행 9:39). 이는 평소에 그녀가 주위의 과부들을 많이 돌보고 보살펴 주었다는 증거입니다. 이에 베드로가 하나님께 기도하고 "일어나라!"고 말하자, 그녀는 다시 살아났습니다. 구제를 통해 도르가는 하나님의 기억하신 바가 되었던 것입니다.

하나님께 십일조를 드리고 이웃을 구제하는 것은 나의 천국 재산에 목록을 추가하는 것입니다. 구제를 심어야 하나님께 축복을 달라고 기도할 때 하나님께서 즉각적으로 응답해 주시는 것입니다.

중국 선교의 아버지로 불리는 허드슨 테일러(Hudson Taylor) 선교사가 하루는 한 가난한 집을 심방하게 되었습니다. 그 집에는 젊은 여인이 몸이 아파 갓난아이를 안은 채 누워 있었고 먹을 것이라고는 아무것도 없었습니다. 그는 기도해 준 후 그 여인에게 "하나님께서 축복하시고 돌보아 주실 것입니다."라고 말하고 그 집을 나왔습니다. 그런데 성령님께서 그의 마음에 "너는 위선자다. 주머니에 2실링 6펜스가 있으면서도 어찌 하나님이 도와주실 거라는 말만 하느냐?"고 책망하셨습니다. 그 돈은 다음 날 아침 식사비였습니다. 그래서 그가 자신의 사정을 말씀드리자, 성령님께서 또 책망하셨습니다. "내일 아침 식사는 내일 일 아니냐? 이 여인은 갓난아이와 함께 오늘, 바로 지금 굶어 죽어 가고 있다. 그런데도 그 돈을 주머니에 넣고 가겠느냐?" 그는 이 말씀을 듣고 다시 여인의 집으로 가서 2실링 6펜스를 주면서 "미안합니다. 내가 이 돈을 가지고 있으면서도 기도만 하고 당신을 돕지 않은 것을 성령님께서 꾸짖으셔서 다시 돌아왔습니다."라고 말했습니다. 그러자 그 여인은 눈물을 흘리며 오히려 그를 위해 축복 기도를 해 주었습니다. 다음 날 아침 그는 편지 한 통을 받았습니다. 이름도 주소도 없는 그 편지 봉투 속에 10실링짜리 금화가 들어 있었습니다. 전날 가난한 여인에게 주었던 2실링 6센트의 5배인 10실링을 받은 것입니다. 그는 감탄하며 일기에 다음과 같이 적었습니다. "하나님께서는 구제를 결코 잊지 않고 기억하신다. 아무도 알아주지 않을 줄 알았는데, 하나님께서는 기억하시고 내게 아침 식사비를 보내 주셨다."

우리가 흩어 가난한 자들에게 나누어 주면 하나님께서 후히 누르고 흔들어 넘치도록 해서 안겨 주십니다. 그러므로 우리는 하나님의 언약을 확실히 믿어야 합니다.

하나님께서는 "내가 너희를 위하여 메뚜기를 금하여 너

희 토지 소산을 먹어 없애지 못하게 하며 너희 밭의 포도나무 열매가 기한 전에 떨어지지 않게 하리니"(말 3:11)라고 말씀하셨습니다. 하나님께서는 온전한 십일조를 드리는 사람을 환경적인 재앙에서 구해 주시겠다고 약속하신 것입니다. 그러므로 우리가 하나님과 십일조 언약을 맺으면 하나님께서 언약을 기억하시고 우리가 부르짖을 때 반드시 들어주십니다. 또한 하나님께서는 "너희 땅이 아름다워지므로 모든 이방인들이 너희를 복되다 하리라"(말 3:12)고 말씀하셨습니다. 그러므로 우리가 십일조뿐 아니라 구제에 인색하지 않고 이웃에게 넉넉히 나누어 줄 때 사람들이 우리를 보고 감탄할 정도로 복을 주실 것입니다.

3. 심고 거두는 법칙을 시행한 사람들

미국의 한 소년이 가난 때문에 학교에 다니지 못하고 벽돌 공장에서 직공으로 일하고 있었습니다. 하지만 그 소년은 교회만큼은 열심히 출석했습니다. 어느 주일날 소년은 예배 시간에 목사님이 설교를 마치고 "우리 교회가 낡아서 개축을

해야 되겠으니 모두 정성껏 헌금해 주십시오."라고 광고하는 것을 들었습니다. 소년은 교회를 위해서 무언가 하고 싶었지만 드릴 것이 없었습니다. 그래서 자신이 일하는 벽돌 공장 주인을 찾아가서 부탁했습니다. "제가 다니는 교회를 개축해야 한다는데 저에게 돈이 없어서 그러니 벽돌을 주시면 교회에 헌납하겠습니다. 그리고 그 벽돌 값은 제 월급에서 제해 주십시오." 공장 주인은 소년의 부탁을 흔쾌히 들어주었습니다. 그래서 소년은 수레에 벽돌을 가득 싣고 땀을 뻘뻘 흘리며 교회로 갔습니다. 목사님은 어린 소년이 수레를 끌고 오는 것을 보고 무슨 일이냐고 물었습니다. 그러자 소년은 "목사님, 저는 교회 개축하는 데 드릴 것이 없습니다. 제가 벽돌 공장에서 일하기 때문에 주인에게 허락을 받고 벽돌을 얻어 왔습니다. 이것을 교회 짓는 데 사용해 주십시오."라고 대답했습니다. 이 말에 큰 감동을 받은 목사님은 소년을 품에 안고 눈물을 흘리며 "하나님, 이렇게 교회를 사랑하는 충성스러운 이 아이를 축복하여 주시옵소서."라고 기도해 주었습니다. 이 소년이 바로 훗날 백화점 왕이 된 존 워너메이커(John Wanamaker)입니다. 그는 자신의 성공에 대해 이와 같이 말했습니다. "어린 시절 가난할 때 정성껏 헌금을 했더니 하나님께서 저에게 이런 축복을 주셨습니다."

워렌 버핏(Warren Buffett)은 미국의 투자 전문 회사의 회장 겸 최고 경영자로, 빌 게이츠에 이어 세계에서 두 번째 부자로 꼽히는 사람입니다. 그는 2006년에 자신의 총 재산의 85%인 370억 달러를 기부했습니다. 이는 미국의 역대 기부금 가운데 가장 많은 액수였습니다. 그는 '세계적인 거부'라는 명성에도 불구하고 평소 중고차를 타고 다닙니다. 그가 사는 집은 1958년에 3만 1천 달러에 구입한 것입니다. 그는 "재산을 자식에게 물려주면 자식을 망칠 수 있다."고 말하며 부의 사회 환원을 주장했습니다. 또한 그는 부시 행정부가 발표한 상속세 폐지안을 반대하며 오히려 상속세를 무겁게 물어야 한다고 주장했습니다. 그리고 그는 평소 나누고 베풀며 살았습니다. 그렇기 때문에 하나님께 복을 받아 거액을 기부할 수 있게 된 것입니다. 현재 그는 '존경할 만한 경제인' 1순위로 꼽히고 있습니다.

하나님께서는 우리에게 노다지를 주셨습니다. 그 노다지를 누리기 위해서 우리는 먼저 하나님께 십일조를 드리고, 이웃을 구제해야 합니다. 여러분 모두 하나님께 온전한 십일조를 드리고 그리스도의 사랑으로 이웃을 구제하는 일에 힘써서 물질적인 축복과 영적인 축복을 더욱 넘치게 받게 되시길 축원합니다.

탐욕과 사랑

"시험을 참는 자는 복이 있나니 이는 시련을 견디어 낸 자가 주께서 자기를 사랑하는 자들에게 약속하신 생명의 면류관을 얻을 것이기 때문이라 사람이 시험을 받을 때에 내가 하나님께 시험을 받는다 하지 말지니 하나님은 악에게 시험을 받지도 아니하시고 친히 아무도 시험하지 아니하시느니라 오직 각 사람이 시험을 받는 것은 자기 욕심에 끌려 미혹됨이니 욕심이 잉태한즉 죄를 낳고 죄가 장성한즉 사망을 낳느니라 내 사랑하는 형제들아 속지 말라 온갖 좋은 은사와 온전한 선물이 다 위로부터 빛들의 아버지께로부터 내려오나니 그는 변함도 없으시고 회전하는 그림자도 없으시니라 그가 그 피조물 중에 우리로 한 첫 열매가 되게 하시려고 자기의 뜻을 따라 진리의 말씀으로 우리를 낳으셨느니라"(약 1:12-18)

오늘날 우리 사회는 집단 이기주의로 인한 끝없는 대결과 투쟁으로 멍들어 가고 있습니다. 대화와 타협과 화해의 목소리가 사라지고, 오직 이해 집단의 목소리와 요구만 귓전에 가득합니다. 왜 우리 사회가 이처럼 되어 가고 있습니까? 이 모든 문제의 근원에는 탐욕이라는 죄악이 놓여 있습니다. 인간의 가슴속에 뿌리박힌 탐욕을 제거하지 않는 이상 인생의 문제는 결코 해결되지 않을 것입니다. 탐욕의 문제가 해결되어야 다른 문제들에 관한 해결의 실마리도 얻을 수 있습니다.

1. 타락의 원인 탐욕

우리가 타락의 근본 원인이 무엇인지 알면 현실에서 일어나는 문제를 직시할 수 있습니다. 인간 타락의 가장 근원적인 죄는 바로 탐욕입니다.

하나님께서 지으신 에덴동산은 낙원이었습니다. 해함도 없고 상함도 없고 부족함도 없었습니다. 그곳에 사는 아담 부부에게는 불만족이 없었습니다. 모든 것이 충만하고 기쁘고 평화롭고 행복하고 만족스러웠습니다. 그러면 언제부터 아담과 하와의 가슴속에 불평과 원망과 탄식이 들어오고 하나님께 반역할 마음이 생겨났습니까? 마귀를 만난 이후입니다. 악한 동무들이 선한 행실을 망친다는 말씀과 같이 아담과 하와는 마귀와의 교제를 통해 타락하게 되었습니다(고전 15:33). 마귀가 그들에게 탐욕을 심어 준 것입니다.

마귀는 탐욕 덩어리입니다. 본래 마귀는 하나님의 천사장이었는데, 하나님의 보좌를 탐내어 반역한 결과 하나님께 쫓겨나 마귀로 전락했습니다. 그러므로 그 누구라도 마귀와 교제하면 탐심을 갖게 됩니다.

마귀가 사용하는 가장 큰 무기는 탐욕입니다. 마귀는 하와의 마음에 탐욕을 넣어 주기 위해 유도 신문이라는 방법을 사용했습니다. "정말 하나님이 너희에게 동산의 모든 나무의 열매를 먹지 말라고 하더냐?"라는 마귀의 질문에, 하와는 "아니다. 우리는 동산 모든 나무의 열매를 다 먹을 수 있다. 다만 '동산 중앙에 있는 선악과는 먹지도 말고 만지지도 말

라. 죽을까 하노라.'고 말씀하셨다."라고 정확하지 않은 대답을 했습니다. 마귀에게 틈을 내준 것입니다. 이에 마귀는 "너희가 그 열매를 먹는 날에는 너희 눈이 밝아져서 하나님처럼 될 것이다. 그러므로 하나님이 너희가 하나님처럼 될까 시기하셔서 그 열매를 먹지 말라고 하셨느니라."고 말함으로써 하와에게 의심과 탐욕을 넣어 주었습니다. 마귀의 유혹에 넘어간 하와는 '어찌하여 하나님께서 우리를 이렇게 취급하시는가! 우리가 하나님처럼 될 것을 시기하여 이것을 먹지 말게 하시다니! 하나님께서 우리에게 어떻게 이럴 수가 있는가!'라고 생각했습니다. 그러자 마음속에서 평안이 사라졌습니다. 만족이 사라졌습니다. 행복이 사라졌습니다. 그 대신 욕심과 탐심이 들어왔습니다. 그리고 선악과를 보니 먹음직하고 보암직하고 지혜롭게 할 만큼 탐스러워 보였습니다. 탐심이 생기니 하나님의 명령도 두렵지 않았습니다. 그 결과 하나님의 명령을 어기고 선악과를 따 먹고 남편도 유혹해서 먹게 함으로 아담과 하와 모두 반역죄를 짓고 타락해 버렸습니다. 탐욕으로 인해 죄악의 수렁에 빠지고 만 것입니다.

성경은 "욕심이 잉태한즉 죄를 낳고 죄가 장성한즉 사망을 낳느니라"(약 1:15)고 말씀합니다. 욕심이 마음속에 들어

와서 범죄를 유도하는 것입니다. 욕심을 채우기 위해 하나님의 법을 어기게 되면 그 결과로 사망이 다가옵니다. 로마서 6장 23절에 "죄의 삯은 사망이요 하나님의 은사는 그리스도 예수 우리 주 안에 있는 영생이니라"고 말씀합니다. 이 말씀과 같이 죄는 사망을 불러옵니다.

인류의 조상인 아담과 하와를 탐욕으로 타락시킨 마귀는 우리를 구원하러 오신 마지막 아담인 예수 그리스도 역시 탐욕으로 넘어뜨리려 했습니다. 예수님께서 40주 40야를 금식하신 후 광야에 계실 때에 마귀가 와서 예수님을 시험했습니다. "몹시 배고프지? 만일 네가 하나님의 아들이라면 돌로 떡을 만들 수 있을 것이다. 그러니 얼른 돌로 떡을 만들어서 배불리 먹어라." 예수님께 식욕이란 탐심을 일으켜서 하나님의 말씀보다 구복을 먼저 채우라고 유혹한 것입니다. 그러나 예수님께서는 "기록되었으되 사람이 떡으로만 살 것이 아니요 하나님의 입으로부터 나오는 모든 말씀으로 살 것이라 하였느니라"(마 4:4)고 말씀하심으로 마귀의 유혹을 단호하게 물리치셨습니다. 그러자 마귀는 예수님을 높은 탑 위로 데려갔습니다. 그 탑 아래에는 예배를 드리기 위해 수많은 사람들이 모여들고 있었습니다. 마귀는 다시 예수님을 유혹했습니다. "뛰어내려라. 하나님이 천사를 명하여 너의 발을 받쳐 돌에 부딪치지 않게 할 것이다. 그러면 모든 사람들이 너를 향해 박수를 치며 칭찬할 것이다. 대중에게 인기를 얻고 싶지 않은가? 명예를 갖고 싶지 않은가? 갖고 싶다면 어서 뛰어내려라." 이와 같이 명예에 대한 탐욕을 가지고 예수님을 유혹한 것입니다. 그러나 예수님께서는 "기록되었으되 주 너의 하나님을 시험하지 말라 하였느니라"(마 4:7)고 말씀하심으로 그 유혹을 단호하게 물리치셨습니다. 그러자 이번에는 마귀가 예수님을 높은 산에 데리고 올라가서 온 천하만국의 권력과 영화를 보여 주었습니다. 그리고는 "이는 내게 넘겨주신 것인데 내가 원하는 사람에게 주겠다. 만일 네가 나에게 절하고 경배하면 이 모든 것을 너에게 넘겨주마."라고 말하면서 세상 권력과 영화에 대한 탐심으로 예수님을 유혹했습니다. 이번에도 예수님께서는 "사탄아 물러가라 기록되었으되 주 너의 하나님께 경배하고 다만 그를 섬기라 하였느니라"(마 4:10)고 말씀하심으로 마귀의 유혹을 단호하게 물리치셨습니다. 마귀는 예수님을 떠날 수밖에 없었습니다. 탐욕의 손길이 미치지 못하는 곳에서는 마귀도 어찌할 수 없는 것입니다.

탐욕은 마음속에 무시무시한 이기심을 가져옵니다. 골로새서 3장 5절부터 6절을 보면 "그러므로 땅에 있는 지체를 죽이라 곧 음란과 부정과 사욕과 악한 정욕과 탐심이니 탐심은 우상 숭배니라 이것들로 말미암아 하나님의 진노가 임하느니라"고 기록되어 있습니다. 탐욕에 잡히면 자기의 이익과 욕심밖에 보이지 않습니다.

요즘 신문에 자주 등장하는 단어 중에 '님비 현상'이라는 말이 있습니다. '님비'는 영어 'Not In My Backyard'의 첫 글자들을 따서 만든 말로, 공공의 이익에는 부합하지만 자신이 속한 지역에 이롭지 않은 일을 반대하는 이기적인 행동을 뜻하는 단어입니다. 산업 폐기물 처리장, 화장장, 납골당, 교도소, 쓰레기 소각장, 분뇨 처리장, 보육원, 장애인 수용 시설 등의 필요성은 인정하면서도 이런 시설이 자신이 사는 지역으로 들어오는 것은 반대합니다. 그리고 같은 이유로, 지역 발전에 영향에 미치는 행정 구역 교정이나 무공해 산업 시설, 청사 등의 건립은 적극 찬성합니다. 지역에 이익이 되는 것은 환영하고, 불이익을 가져오는 것은 반대하는 것입니다. 이러한 집단 이기주의가 극대화되어서 오늘날 사회가 어려움을 당하고 있습니다.

탐욕으로부터 모든 불의와 부정, 죄악과 시기, 질투, 미움, 살인, 전쟁이 일어납니다. 탐욕이 없으면 이런 일이 일어나지 않습니다. 과잉 욕심을 가지고 남을 무시하고 멸시하고 남의 것을 빼앗으려고 하기 때문에 싸움이 생겨나는 것입니다.

성경은 "부하려 하는 자들은 시험과 올무와 여러 가지 어리석고 해로운 정욕에 떨어지나니 곧 사람으로 파멸과 멸망에 빠지게 하는 것이라"(딤전 6:9)고 말씀합니다. 욕심으로 부를 축적하려는 사람이나 실력과 분수를 뛰어넘어 일확천금 하려는 사람은 부정과 부패에 손을 대게 됩니다. 이러한 사람들은 욕심으로 말미암아 범죄를 저지르게 되고, 그 결과 파탄을 맞게 되는 것입니다.

욕심은 무서운 덫입니다. 역사가 그것을 증명합니다. 히틀러는 독일 아리안 민족만이 세계에서 가장 위대한 민족이요, 아리안 민족이 세계를 지배해야 한다고 주장하면서 제2차 세계 대전을 일으키고 유대인 600만 명을 학살했습니다. 그러나 결국은 자신도 죽고 독일인 5천만 명을 전쟁에 몰아넣어 죽음으로 내몰았습니다. 일본은 어떻습니까. 일본은 동남아를 소유하려는 욕심으로 대동아 공영권을 내세워 아시아를 집어삼키려 했습니다. 그래서 한국을 점령하고 중국을 침략하고 동남아시아를 침략하여 수많은 재산과 인명의 살상을 가져왔으나, 나중에는 원자탄을 맞아 처참하게 패전하고 수많은 사람에게 고통을 주었습니다. 6·25 전쟁도 마찬가지입니다. 북한 김일성이 소련과 중국과 더불어 손을 잡고 한국을 적화하려는 탐욕으로 전쟁을 일으켜서 온 국민에게 고통과 괴로움을 가져다주었습니다.

탐욕은 타락의 씨앗이요, 불행과 패망의 길로 질주하는 죄악의 열차입니다. 마음속에서 탐욕을 비우지 못하면 우리의 삶 속에 결코 참된 평화와 기쁨과 행복이 있을 수 없습니다.

2. 하나님의 사랑

탐욕의 반대는 사랑입니다. 그러므로 마음속의 탐욕을 이기고 참된 평화와 기쁨과 행복을 가져오려면 하나님의 사랑을 받아들여야 합니다.

우리가 믿는 하나님은 삼위일체 하나님입니다. 삼위일체 하나님은 사랑의 하나님입니다. 아버지는 아들을 사랑하고 아들은 아버지를 사랑하며, 아버지와 아들은 성령을 사랑하고 성령은 아버지와 아들을 사랑합니다.

이슬람교가 신봉하는 알라는 유일신이라고 하는데, 혼자 영원히 존재하는 신은 홀로 있기 때문에 사랑을 모르고 자기중심적입니다. 사랑을 받지도 못하고 사랑도 주지도 못하니 미움의 신이요, 악마 같은 신입니다.

이 세상에서 가장 교제하기 힘든 상대가 노처녀라는 말이 있습니다. 오랫동안 혼자 살아서 자기 생각으로 굳어졌기 때문에 교제하기가 힘들다는 것입니다. 물론 노처녀라고 해서 다 그렇지는 않지만 다른 사람에 비해 그럴 확률이 높습니다.

함께 사는 것은 서로 주고받는 관계를 전제합니다. 이 때문에 예로부터 며느리를 구하려면 딸 많은 집에서 구하라는 말이 있습니다. 딸이 많으면 언니 동생 사이에 서로 주고받는 관계를 통해 자기 고집이 깨어지고 양보와 타협을 배워 인격적으로 깨어진 사람이 된다는 것입니다.

우주 만물은 삼위일체 하나님의 사랑의 표현입니다. 아버지는 자신을 위해 만물을 지으신 것이 아니라 그 아들 예수님에게 주시기 위해 만물을 지으셨습니다. 그리고 아들은 만물을 받아서 전부 아버지께 되돌려 드렸습니다. 아버지는 아들에게 주시고 아들은 받아서 다시 아버지께 드리는 이 같은 사랑의 관계로 존재하시는 분이 우리 하나님입니다.

이 하나님께서 세상을 사랑하사 우리에게 독생자를 주셨습니다. 하나님께서는 우리를 구원하시기 위해 아들 예수 그리스도를 어린양으로 주셨습니다. 예수님께서는 우리를 구원하기 원하시는 아버지의 뜻에 순종하여 십자가에서 그 목숨을 대속의 제물로 드리셨습니다. 아버지는 아들을 죽은 자들 가운데서 부활하게 해 주시고 아들을 믿어 구원받은 백성을 모두 아들에게 주셨고, 아들은 그 구원받은 백성을 모두 아버지께 바쳤습니다. 그러므로 하나님 나라에서 아버지의 것은 다 아들의 것이고 아들의 것은 다 아버지의 것이며, 아버지와 아들의 것은 성령의 것이고 성령의 것은 다 아버지와 아들의 것입니다. 삼위일체 하나님의 소유인 것입니다.

하나님께서 그 아들 예수 그리스도를 통하여 사랑으로 우리에게 주시는 것은 모두 선물입니다. 우리에게 무슨 대가를 요구하시지 않습니다. 우리는 그저 믿기만 하면 됩니다. 성경은 "너희가 그 은혜에 의하여 믿음으로 말미암아 구원을 받았으니 이것은 너희에게서 난 것이 아니요 하나님의 선물이라"(엡 2:8)고 말씀합니다. 예수님께서는 우리를 사랑하사 자신의 생명을 주셨습니다. 이 사랑을 통해 우리는 용서와 의를 선물로 받았고, 성령과 천국을 선물로 받았습니다. 기쁨과 건강을 선물로 받았고, 축복과 형통을 선물을 받았으며, 영생 복락을 선물로 받았습니다.

하나님께서는 우리에게 좋은 것을 주시기를 원하십니다. 하나님께서는 결코 우리에게 무엇을 빼앗기 위해서 역사하시지 않습니다. 하나님의 계명을 지키게 하시는 것도 우리에게 더 좋은 것을 주시기 위함입니다. 안식일을 지키는 것은 일주일의 나머지 6일을 하나님의 은총과 축복으로 채우는 그릇을 준비하는 것입니다. 십일조와 헌물도 마찬가지입니다. 하나님께서는 후히 되어 누르고 흔들어 넘치도록 채워 주시기 위해 십일조와 헌물이라는 그릇을 요구하시는 것입니다.

좋은 것을 받기 위해서는 그릇이 준비되어 있어야 합니다. 그릇이 없으면 받을 수가 없습니다. 축복을 받기 위해 일주일 중에 하루를 떼어 놓아야 하고, 물질의 축복을 위해 받기 위해 십일조와 헌물이라는 그릇을 준비해야 합니다. 그러면 하나님께서 준비된 그릇에 후히 되어 흔들어 넘치도록 채워 주시는 것입니다.

하나님께서는 우리에게 좋은 것을 주시되, 한두 번 주시고 마는 것이 아니라 끊임없이 주십니다. 우리는 그 축복의 은혜를 받아 누리는 데에서 그치지 말고 기쁨과 감사함으로 하나님께 드릴 줄 알아야 합니다.

3. 탐욕을 이긴 십자가의 삶

우리는 지금까지 탐욕에 찌든 삶을 살아왔습니다. 그러나 이제는 하나님의 백성이 되었으니 이 탐욕의 삶을 십자가에 못 박아야 합니다. 사도 바울은 "내가 그리스도와 함께 십자가에 못 박혔나니 그런즉 이제는 내가 사는 것이 아니요 오직 내 안에 그리스도께서 사시는 것이라 이제 내가 육체 가운데 사는 것은 나를 사랑하사 나를 위하여 자기 자신을 버리신 하나님의 아들을 믿는 믿음 안에서 사는 것이라"(갈 2:20)고 고백했으며, "그리스도 예수의 사람들은 육체와 함께 그 정욕과 탐심을 십자가에 못 박았느니라"(갈 5:24)고 말했습니다. 사도 바울의 말처럼 우리는 십자가에 우리의 옛 사람을 못 박고 우리의 정욕과 탐심을 못 박아야 합니다.

예수님을 구주로 모시고 구원받으면 마음속에 사랑의 샘을 얻습니다. 구원의 근본은 사랑입니다. "나는 구원받았다."라는 말은 "나는 사랑을 가슴속에 받아들였다."라는 말입니다. 구원은 받았지만 사랑은 받아들이지 않았다면 그것은 잘못된 것입니다. 예수님이 사랑이시기 때문에 예수님으로 인해 구원을 받은 사람은 사랑을 받아들인 것입니다. 예수님과 사랑은 분리할 수 없습니다.

사랑의 속성은 주는 것입니다. 예수 그리스도를 통해서 구원을 받고 사랑을 받았으면 우리는 우리의 몸과 마음을 하나님께 드리게 됩니다. 그러면 사랑의 영인 성령님이 오셔서 우리로 하여금 성령을 힘입어 살아가게 하십니다. 주는 것이 우리 삶의 방식이 됩니다. 하나님께 받은 사랑과 은혜를 이웃에게 나누어 주며 살게 되는 것입니다.

성경은 "범사에 여러분에게 모본을 보여 준 바와 같이 수고하여 약한 사람들을 돕고 또 주 예수께서 친히 말씀하신바 주는 것이 받는 것보다 복이 있다 하심을 기억하여야 할지니라"(행 20:35)고 말씀하고 있습니다. 어떤 사람이 복이 있는 사람입니까? 주는 사람이 복 받은 사람입니다.

세계의 역사를 살펴보면 이 지구상에서 가장 많이 주는

나라는 미국이었습니다. 미국은 제2차 세계 대전이 끝나고 난 후에 마샬 플랜을 세워 전쟁으로 인해 폐허가 된 구라파를 도와주었습니다. 오늘날 구라파가 이만큼 부흥하고 잘사는 것은 미국이 마샬 플랜을 통해 도와주었기 때문입니다. 일본도 마찬가지입니다. 제2차 세계 대전 때 패전하여 극심한 어려움에 처했던 일본이 다시 일어나 경제 대국이 된 것은 미국의 도움 덕분입니다. 우리나라도 6·25 전쟁으로 온 국토가 잿더미가 되고 절망에 빠졌을 때 미국으로부터 헤아릴 수 없을 만큼 많은 원조를 받았습니다. 식료품과 의약품, 의복을 비롯하여 온갖 생활필수품을 넘치도록 받았습니다. 이처럼 도움이 필요한 곳은 어느 곳이든 끊임없이 도와주었기 때문에 미국이 복을 많이 받은 것입니다.

남한과 북한을 비교해 보아도 돕는 자가 복이 있다는 것을 알 수 있습니다. 지금 우리는 북한을 힘에 겹도록 돕습니다. 사회 일각에서는 이에 대하여 부정적인 반응을 보이지만, 사상과 이념을 초월하여 어려움을 당하는 이웃을 도울 때 우리가 더 장성하고 창대하게 될 것입니다.

우리 개인도 그렇습니다. 우리가 만일 하나님의 은혜와 축복을 받아들이기만 하고 내어 주지 않으면 우리의 삶은 죽음의 바다와 같이 변할 수밖에 없습니다. 예수 그리스도를 믿으면 사랑을 실천하며 살아야 합니다. 사랑의 실천이라고 해서 결코 큰 헌신과 희생을 요구하는 것은 아닙니다. 작은 것부터 시작하면 됩니다. 먼저 가까이는 배우자, 부모와 자식, 일가친척과 이웃에게 이해와 동정을 베푸십시오. 이해를 받으려고만 하지 말고 이해해 주려고 노력하고, 동정을 받으려고만 하지 말고 조그마한 일이라도 동정하려고 애써야 합니다. 남편은 아내를 이해하고 동정하며, 아내도 남편에게 그리해야 합니다. 부모와 자식 간에도 서로 이해하고 동정할 때 사랑이 역사합니다.

협조와 양보도 작은 사랑의 실천입니다. 어려운 일을 당한 이웃을 찾아가서 부엌일이라도 도와주고 위로하는 것, 줄을 설 때에 한 발 뒤로 물러서서 양보하는 것도 사랑의 실천입니다.

칭찬과 격려를 하는 것도 사랑의 실천입니다. 사람은 칭찬을 먹고삽니다. 하나님께서 예배와 찬양을 좋아하시니, 하나님의 형상과 모양대로 지음 받은 사람이 칭찬과 찬양을 좋아하는 것은 당연합니다. 사람들마다 잘하는 것을 칭찬해 주십시오. 남편이 아내를, 아내가 남편을 하루에 한 번씩 칭찬해 주십시오. 부모가 자식을, 자식이 부모를 하루에 한 번씩 칭찬해 주십시오. 이웃을 하루에 한 번씩 칭찬해 주십시오. 이 작은 칭찬을 생활화하면 우리 사회에 거대한 사랑 운동이 일어날 것입니다. 지극히 작은 일부터 내가 이해하고 동정하고 협조하고 양보하고 칭찬과 격려를 하는 작은 사랑의 실천이 거대한 사랑의 불씨가 되는 것입니다.

성경은 "주라 그리하면 너희에게 줄 것이니 곧 후히 되어 누르고 흔들어 넘치도록 하여 너희에게 안겨 주리라 너희가 헤아리는 그 헤아림으로 너희도 헤아림을 도로 받을 것이니라"(눅 6:38)고 말씀합니다. 이해를 받고 싶으면 먼저 이해하십시오. 동정을 받고 싶거든 먼저 동정하십시오. 협조를 받고 싶으면 먼저 협조하고, 양보를 받고 싶으면 먼저 양보하십시오. 칭찬과 격려를 받고 싶으면 먼저 남을 칭찬하고 격려하십시오. 그러면 이것이 후히 되어 누르고 흔들어 넘치도록 여러분에게 돌아올 것입니다.

여러분, 탐심과 욕심은 크나큰 불행을 가져옵니다. 끝없는 대결과 투쟁과 분노와 살인과 요란함을 가져옵니다. 그러나 사랑은 생명과 치료와 행복을 가져옵니다. 사랑을 주는 자와 받는 자 모두 생명의 은택을 함께 누리게 되는 것입니다.

성경은 "하나님이 세상을 이처럼 사랑하사 독생자를 주셨으니 이는 그를 믿는 자마다 멸망하지 않고 영생을 얻게 하려 하심이라"(요 3:16)고 말씀합니다. 사랑은 생명을 가져옵니다. 그러므로 예수 그리스도를 구주로 모시고 사랑의 샘을 가슴에 소유한 성도는 그 샘에서 솟아나는 그리스도의 사랑을 실천하여 하나님의 생명의 물줄기가 가정과 이웃, 나아가 온 세상에 퍼져 나가도록 해야겠습니다.

참된 이웃

생동하는 신앙
심고 거두고
참된 이웃
친구

생동하는 신앙

"주라 그리하면 너희에게 줄 것이니 곧 후히 되어 누르고 흔들어 넘치도록 하여 너희에게 안겨 주리라 너희가 헤아리는 그 헤아림으로 너희도 헤아림을 도로 받을 것이니라"(눅 6:38)

신앙생활을 하다 보면 왠지 모르게 마음에 생동감을 잃고 무력감을 느낄 때가 있습니다. 처음 예수님을 믿고 매일매일 즐거움과 흥분에 찬 생활을 하던 사람들도 세월이 흐르면 그 생명력을 잃어버리는 경우를 종종 볼 수 있습니다.

팔레스타인에 가면 유명한 두 호수가 있는데, 그것은 바로 갈릴리 호수와 사해입니다. 이 두 호수는 모두 요단 강으로부터 물을 공급받습니다. 갈릴리 호수는 북쪽 헐몬 산의 눈 녹은 물을 요단 강을 통해 받아들이고, 그 받아들인 물을 사해로 흘려보냅니다. 그 때문에 물이 늘 신선하므로 많은 어족이 살고 있으며, 호수 주변에는 각종 나무과 오곡백과가 자랍니다.

그러나 똑같은 요단 강물을 받는 사해에는 물고기 한 마리 살지 않으며, 그 주변에 초목과 곡식도 전혀 자라지 않습니다. 왜냐하면 사해는 물을 받기만 하고 내보내지 않기 때문입니다. 사해에 유입된 물은 다른 곳으로 흘러가지 못하고 증발만 되므로 염분이 대단히 많습니다. 보통 바닷물의 염도가 4~6%인데 비해 사해의 염도는 그 5배인 25%에 육박합니다. 그래서 사해에서는 생물들이 살 수 없는 것입니다.

똑같은 요단 강물을 받아들이지만 받은 만큼 물을 내보내는 갈릴리 호수가 언제나 신선하고 생동감이 있는 반면, 받아들이기만 하고 내보내지 않는 사해는 죽은 바다가 되어 버리고 말았습니다.

우리의 신앙도 이와 마찬가지입니다. 우리가 받기만 하고 나누어 주기를 꺼리면 우리의 신앙은 생동하는 생명력을 잃어버리고 맙니다. 이 법칙은 신앙생활뿐 아니라 가정생활, 사회생활, 사업 등 생활 전반에 걸쳐 적용됩니다. 이러므로 우리는 하나님께 받은 축복을 우리 속에 가두어 부패하게 하지 말고, 끊임없이 이웃에게 나누어 줌으로써 생명력 있는 축복의 열매를 풍성하게 맺어야 할 것입니다. 그러면 우리는 이웃에게 무엇을 나누어 주어야 할까요?

1. 신령한 생명을 나누어 주어야 합니다

예수 그리스도를 구주로 영접하여 중생의 체험을 하고

열심히 기도하며 성령으로 충만함을 받은 사람은 자신의 체험을 끊임없이 다른 사람들에게 전도함으로써 나누어 주어야 합니다. 그리하지 않으면 자신이 받은 중생의 체험과 성령 충만의 체험이 사해처럼 부패하고 맙니다.

많은 사람들이 처음 예수님을 믿고 구원을 받으면 마음속에 기쁨과 흥분이 넘쳐서 만나는 사람마다 전도합니다. 그 때문에 구원의 체험이 마음속에서 생동하므로 기쁨이 넘치고 찬송이 넘치고 교회 가는 날을 고대합니다. 그러다가 세월이 흐르면 그만 생동감을 잃고 나태해져서 '그렇게 애쓰며 전도할 필요가 있을까?'라고 생각합니다. 그뿐 아니라 찬송도 생동감 있게 부르지 못하고, 기도도 생동감 있게 하지 못하고, 설교 시간에 졸기만 하는 사해 같은 신앙생활을 하게 됩니다. 오랫동안 교회에 다니는 사람들 중에 처음 교회 다니는 사람들보다 신앙의 생명력을 잃은 사람들이 많은 이유가 여기에 있습니다.

바울은 에베소 교회에 가서 성도들에게 "너희가 믿을 때에 성령을 받았느냐"(행 19:2)라고 물었습니다. 우리가 예수님을 믿으면 성령님께서 우리 속에 거하십니다. 그리고 성령 충만을 받으면 하나님의 권능을 얻고 예루살렘과 온 유대와 사마리아와 땅 끝까지 이르러 복음을 증거하는 하나님의 증인이 될 수 있습니다. 그러므로 우리는 어느 곳에 가든지 구원받은 사람들에게 "너희가 믿을 때에 성령을 받았느냐?"라고 물어서 아직 받지 않았다면 그들이 성령을 받을 수 있도록 간절히 기도해 주어야 합니다.

지금처럼 죄악이 관영한 말세에는 성령의 충만함을 받아야 죄악을 이길 수 있습니다. 성경은 "이는 힘으로 되지 아니하며 능력으로 되지 아니하고 오직 나의 영으로 되느니라"(슥 4:6)고 말씀합니다. 우리가 하나님의 성령으로 충만하면 하나님의 권능으로 권세 있는 신앙생활을 할 수 있는 것입니다.

또한 우리가 항상 즐거움이 넘치고 성령 충만한 신앙생활을 하기 위해서는 끊임없이 자신이 받은 축복을 다른 사람에게 나누어 주어야 합니다. 성경은 "주라 그리하면 너희에게 줄 것이니 곧 후히 되어 누르고 흔들어 넘치도록 하여 너희에게 안겨 주리라"(눅 6:38)고 말씀합니다.

여러분, 지금 가슴에 손을 얹고 생각해 보십시오. 과연 구원받은 기쁨과 즐거움과 흥분이 넘쳐 납니까? 기도하는 것이 즐겁습니까? 교회에 가는 발걸음이 가볍습니까? 만일 예전에는 그랬는데 지금은 그렇지 않다면 이 시간에 회개하고 갈릴리 호수처럼 다른 사람에게 구원의 축복을 나누어 주십시오. 그리할 때 성령의 신령한 열매가 풍성해지고 성령의 은사가 넘쳐 나게 되며 마음속에 기쁨이 넘치는 신앙생활을 하게 될 것입니다.

마음속에 기쁨이 넘치는 신앙생활이 참된 신앙생활입니다. 기독교인의 외적 증거는 기쁨입니다. 성경은 "항상 기뻐하라"(살전 5:16)고 말씀합니다. 이러므로 우리가 받은 신령한 생명을 다른 사람들에게 끊임없이 나누어 줌으로써 다른 사람들도 살리고 우리 자신도 약동하는 성령의 생명력을 얻어 기쁨이 넘치는 신앙생활을 해야 하겠습니다.

2. 긍정적인 마음의 자세를 나누어 주어야 합니다

오늘날 생존 경쟁이 치열한 세상에서 수많은 사람들이 열등의식과 좌절감과 무가치함과 패배감과 냉소주의에 빠져 있습니다. 그렇다면 누가 이런 사람을 도와줄 수 있습니까? 바로 우리가 도와주어야 합니다. 우리가 긍정적인 마음의 자세를 나누어 줄 때 그들이 열등의식과 좌절감과 무가치함과 패배주의에서 해방될 수 있습니다.

이와 같은 도움을 필요로 하는 사람들은 교회 안에도 있습니다. 오늘날 예수님을 믿는다고 하면서도 온갖 부정적인 마음으로 꽉 들어차 절망 가운데 살아가는 사람들이 얼마나 많은지 모릅니다. 이런 사람들은 긍정적인 마음의 자세를 다른 사람에게 나누어 주지 않았기 때문에 자신도 부정적인 사람으로 변한 것입니다. 그러므로 우리는 항상 긍정적인 마음을 가지고 기쁨으로 신앙생활을 할 뿐 아니라 우리 주위의 도움을 필요로 하는 사람들에게 끊임없이 긍정적인 마음의 자세를 나누어 주어야 합니다. 그렇다면 우리는 어떤 긍정적인 마음의 자세를 나누어 주어야 할까요?

첫째, 우리는 '하나님의 가치'를 나누어 주어야 합니다. 이 생존 경쟁의 사회 속에서 패배한 채 '나는 아무에게도 존경받을 수 없는 존재다.'라고 절망하는 것은 세상의 기준에 맞추어 인간적인 관점으로 판단한 것일 뿐, 하나님께서는 그렇게 보시지 않습니다. 하나님께서는 이미 만세전에 예수 그리스도 안에서 우리 한 사람 한 사람을 예정하시고 '하나님의 소유'로 불러 주셨습니다. 우리가 '나는 하나님의 부름을 받은 사람이다!'라고 생각하면 우리 자신을 존귀한 사람으로 여기게 됩니다. 이 세상에서도 자신의 가치를 인정받으면 어깨를 으쓱이게 될 텐데, 하물며 하늘과 땅과 세계와 그 가운데 있는 모든 것을 지으신 하나님께서 우리를 자기 백성으로 삼아 주셨으니 어찌 우리가 스스로를 존귀하게 여기지 않을 수 있겠습니까? 우리가 하나님의 백성이 되었다는 사실을 알면, 우리는 열등의식과 좌절감과 무가치함과 패배의식에서 벗어나 당당한 자신감을 가질 수 있습니다. 그러므로 우리는 끊임없이 다른 사람에게 "세상이 당신을 알아주지 않아도 전지전능하시고 무소부재하신 하나님께서 당신을 가치 있는 사람으로 여기십니다."라고 말하여 용기를 나누어 주어야 합니다.

둘째, 우리는 '하나님의 사랑'을 나누어 주어야 합니다. 오늘날 수많은 사람들이 사랑을 잃어버린 채 절망 속에서 살아갑니다. 우리는 이런 사람들에게 "하나님께서 당신을 사랑하십니다. 얼마나 당신을 사랑하셨든지 당신을 위하여 독생자 예수 그리스도를 이 땅에 보내 주셨습니다. 온 세상이 모두 당신을 버린다 할지라도 하나님께서는 당신을 버리시지 않습니다. 이 하나님의 사랑을 받아들이고 긍정적이고 적극적인 마음의 자세를 가지십시오."라고 말해 주어야 합니다. 그럴 때 도시화되고 산업화된 사회에서 버림받은 고독한 심령들이 하나님의 사랑을 깨닫고 밝고 맑고 환한 삶을 살아가게 될 것이며, 하나님의 사랑을 나누어 준 우리의 마음에도 하나님의 사랑이 강물처럼 넘쳐 나게 될 것입니다.

셋째, 우리는 '하나님의 천국'을 나누어 주어야 합니다. 오늘날 많은 사람들이 내일에 대한 소망을 잃어버린 채 부평초 같은 삶을 살아가고 있습니다. 우리는 이런 사람들에게 오늘보다 내일이, 이번 달보다 다음 달이, 금년보다 명년이, 현세보다 내세가 더 좋아지는 '천국의 축복'을 하나님께서 주신다는 복음을 끊임없이 나누어 주어야 합니다.

오늘날 수많은 그리스도인들이 "나는 예수님을 믿는데 왜 마음속이 긍정적이고 적극적으로 되지 않습니까? 왜 마음속에 좌절감이 다가옵니까? 왜 냉소적인 태도를 갖게 됩니까?"라고 질문합니다. 그것은 바로 자신이 다른 사람들에게 긍정적인 마음의 자세를 나누어 주지 않았기 때문입니다. 그러므로 우리는 이제부터라도 낙심한 사람, 열등의식과 좌절감에 눌린 사람, 패배감에 싸여 울고 있는 사람, 고

독하게 버림받은 사람, 내일에 대한 희망이 없는 사람에게 예수님 안에서 새롭게 변화될 수 있다는 사실에 대해 끊임없이 증거해야 합니다. 예수님 안에서 하나님께 귀하고 가치 있는 존재로 인정받을 수 있다는 사실을 가르쳐 주어야 합니다.

성경은 하나님을 "우리 가운데서 역사하시는 능력대로 우리가 구하거나 생각하는 모든 것에 더 넘치도록 능히 하실 이"(엡 3:20)라고 말씀합니다. 생각이 부정적인 사람은 하나님께 축복을 받을 수 없습니다. 그러므로 우리는 어찌하든지 사람들에게 예수님 안에서 하나님의 사랑을 받을 수 있고 찬란한 미래를 꿈꾸며 영원한 소망을 가질 수 있다는 사실을 가르쳐 주어야 합니다. 긍정적이고 적극적이고 창조적인 삶의 자세를 나누어 주어야 합니다. 그리할 때 우리 마음속에도 긍정적인 생각이 넘쳐 나서 밝고 맑고 환한 삶을 살 수 있게 됩니다. 하나님의 은총을 다른 사람에게 끊임없이 나누어 줄 때 우리도 살고 남도 살리는 위대한 삶을 살아가게 되는 것입니다.

3. 성공적인 삶의 비결을 나누어 주어야 합니다

성공적인 삶이란, 영혼이 잘됨같이 범사에 잘되며 강건하고 생명을 얻되 넘치게 얻는 삶을 말합니다. 그러므로 성공적인 삶을 위해서는 제일 먼저 '영혼이 잘되는 비결'을 알아야 합니다.

하나님께서는 우리가 구원받은 것에 머물러 있지 않고 계속 변화하고 성장하기를 원하십니다. 이를 위해 하나님께서는 우리에게 말씀을 먹이시고 성령의 충만함을 주실 뿐 아니라 시험의 불과 환난의 물을 지나게 하십니다. 그러므로 우리는 시험과 환난이 다가올 때 그것이 우리를 망하게 하는 것이 아니라 하나님께서 우리로 하여금 그리스도의 형상을 닮게 하기 위해 보내신 것이라고 생각해야 합니다.

조각가는 큰 돌덩이를 아무렇게나 깎지 않습니다. 마음으로 조각품을 상상하여 그려 본 다음 정을 들고 망치로 돌을 깎아 냅니다. 사람들은 큰 소리를 내며 돌이 깎이는 것을 보며 '혹시 실패하는 것이 아닌가?' 하는 의혹을 갖습니다. 그러나 돌이 깎일수록 아름다운 조각품이 점점 더 구체적으로 그 모습을 드러내는 것입니다.

하나님께서도 우리가 예수님의 형상을 닮아 갈 수 있도록 시험과 환난의 정을 사용하십니다. 그렇기 때문에 우리는 사람들에게 "시험과 환난을 당할 때 '영혼 성장의 기회'로 생각하고 원망하거나 불평하지 말고 감사하십시오."라고 가르쳐 주어야 합니다. 그러면 우리 자신도 시험과 환난 중에도 감사하며 이겨 나갈 수 있는 생동하는 신앙의 힘을 갖게 됩니다.

또한 성공적인 삶을 위해서는 '범사에 잘되는 비결'을 알아야 합니다. 오늘날 사람들은 저주의식에 매인 채 살아가고 있습니다. 그러나 하나님의 뜻은 모든 사람이 저주에서 해방되는 것입니다. 아담과 하와가 하나님을 배반한 결과로 이 땅에 저주가 임했지만, 예수님께서 십자가에 달려 율법의 저주에서 우리를 속량해 주셨습니다. 그러므로 우리는 예수님을 통해 저주에서 해방된 것입니다. 우리가 다른 사람에게 이 복음을 나누어 주고 기도하면 우리 마음에서도 저주의식이 사라지고 축복의식이 채워집니다.

하나님께서는 이 축복의식을 통해 우리를 축복해 주십니다. 그러므로 우리가 '나는 아브라함의 축복 안에 있다. 나는 저주와 상관이 없다. 내가 하는 일마다 하나님께서 도와주셔서 종국적으로 형통하게 된다.'라고 생각할 때 하나님께서 우리를 축복해 주시는 것입니다.

예수님께서는 우리를 위하여 가난한 삶을 사셨습니다. 이에 대해 성경은 "우리 주 예수 그리스도의 은혜를 너희가 알거니와 부요하신 이로서 너희를 위하여 가난하게 되심은 그의 가난함으로 말미암아 너희를 부요하게 하려 하심이라"(고후 8:9)고 말씀합니다. 그러므로 우리는 예수님의 은총을 분명히 믿고 패배의식, 저주의식, 낭패의식을 버려야 합니다. 우리가 이런 부정적인 의식을 버리지 않으면 아무리 철야를 하고 금식을 해도 하나님의 축복을 누릴 수 없습니다. 그래서 성경도 "모든 지킬 만한 것 중에 더욱 네 마음을 지키라 생명의 근원이 이에서 남이니라"(잠 4:23)고 가르쳐 주고 있습니다.

우리는 이 위대한 사실을 다른 사람에게 나누어 주어야 합니다. 그럴 때 사람들이 저주에서 해방됨은 물론이요, 우리 마음에도 부요의식이 넘쳐 나게 될 것입니다.

나아가 성공적인 삶을 위해서는 '강건하게 되는 비결'을 알아야 합니다. 우리는 예수님께서 우리의 연약한 것을 친히 담당하시고 병을 짊어지셨다는 것을 분명히 알고 사람들에게 증거해야 합니다(마 8:17). 우리가 이 치료의 복음을 전하고 병든 사람을 위해 기도하면 치료의 역사가 나타나고 우리 자신도 치료를 받게 됩니다.

하늘나라의 법칙은 세상의 법칙과 다릅니다. 세상의 법칙은 움켜쥐면 더 소유할 수 있다고 가르칩니다. 그러나 하늘나라 법칙은 나누어 주면 더 채워지는 것입니다. 그렇기 때문에 우리가 하나님께로부터 받은 것을 혼자 움켜쥐지 말고 하나님께 드리고 이웃에게 나누어 주는 생활을 계속하면 갈릴리 호수같이 축복이 넘쳐 나게 됩니다. 그러나 우리가 받기만 하고 나누어 주지 않는다면 사해 같은 죽음의 역사가 나타나게 됩니다.

우리는 모두 다른 사람들에게 믿음, 소망, 사랑을 나누어 주어야 신앙의 생명력을 유지할 수 있습니다. 그러므로 우리 모두 나누어 주는 삶을 살아, 나도 살고 남도 살리는 생명의 역사가 이루어지도록 하여야겠습니다.

심고 거두고

"가르침을 받는 자는 말씀을 가르치는 자와 모든 좋은 것을 함께하라 스스로 속이지 말라 하나님은 업신여김을 받지 아니하시나니 사람이 무엇으로 심든지 그대로 거두리라 자기의 육체를 위하여 심는 자는 육체로부터 썩어질 것을 거두고 성령을 위하여 심는 자는 성령으로부터 영생을 거두리라 우리가 선을 행하되 낙심하지 말지니 포기하지 아니하면 때가 이르매 거두리라 그러므로 우리는 기회 있는 대로 모든 이에게 착한 일을 하되 더욱 믿음의 가정들에게 할지니라"(갈 6:6-10)

외국의 한 성도로부터 편지 한 통을 받은 적이 있습니다. 그는 매일 TV나 신문을 보기가 겁난다고 했습니다. 하루가 멀다 하고 터지는 대형 사고, 끊일 줄 모르는 폭력 시위, 부정부패, 인신매매, 부동산 투기, 인플레이션 등의 기사와 뉴스를 대하면 가슴이 철렁하고 심장이 조이는 듯한 느낌을 받는다는 것입니다. 그는 "우리 사회가 왜 이렇게 되었을까요? 우리가 무엇을 잘못했기에 이처럼 어려운 고비에 처하게 되었습니까?"라고 질문했습니다. 저의 대답은 간단합니다. 과거에 그와 같은 것으로 심었기 때문에 지금 그대로 거두는 것입니다.

심은 대로 거두는 것은 당연한 이치입니다. 과거에 우리나라의 정치와 사회가 억압과 강제와 비리와 부도덕, 특권의식, 부조리 등으로 심었기 때문에 이제 그 열매로 현실적인 비극을 거둘 수밖에 없습니다. 만일 이 현실을 해결하기 원한다면 지금부터라도 좋은 씨앗을 심어야 합니다. 그래야 장차 좋은 나라, 좋은 사회가 이루어질 수 있습니다. 좋은 씨앗을 심지 않고 평안과 행복을 거두려고 하는 것은 잘못된 생각입니다.

1. 하나님께서 세우신 심고 거두는 법칙

하나님께서는 노아 시대에 홍수로 심판하신 후 "내가 다시는 사람으로 말미암아 땅을 저주하지 아니하리니 이는 사람의 마음이 계획하는 바가 어려서부터 악함이라 내가 전에 행한 것같이 모든 생물을 다시 멸하지 아니하리니 땅이 있을 동안에는 심음과 거둠과 추위와 더위와 여름과 겨울과 낮과 밤이 쉬지 아니하리라"(창 8:21-22)고 말씀하셨습니다. 이 땅이 있을 동안에 심고 거두는 법칙이 지속된다는 말씀입니다. 이 심고 거두는 법칙은 농사와 같은 자연적인 환경뿐만 아니라 정치와 사회, 우리 개인의 생활에 이르기까지 예외 없이 적용되는 하나님의 법칙입니다.

성경은 "스스로 속이지 말라 하나님은 업신여김을 받지 아니하시나니 사람이 무엇으로 심든지 그대로 거두리라 자기의 육체를 위하여 심는 자는 육체로부터 썩어질 것을 거두고 성령을 위하여 심는 자는 성령으로부터 영생을 거두리라"(갈 6:7-8)고 말씀하고 있습니다. 심고 거두는 법칙은 '부자와 나사로 비유'에도 잘 나타나 있습니다. 이 비유를 간단히 살펴보면 다음과 같습니다.

밤낮으로 주지육림 속에 빠져 사는 한 부자가 있었습니다. 그 집 대문 앞에는 이 부자의 밥상에서 떨어지는 부스러기로 연명하는 거지 나사로가 살고 있었습니다. 나사로의 온 몸은 헌데투성이였는데, 개들이 와서 그 헌데를 핥아 주며 함께 잠을 잤습니다. 그런데 나사로는 하나님을 경외하며 하늘나라를 사모하는 사람이었습니다.

세월이 흘러 나사로도 죽고, 부자도 죽었습니다. 부자의 집에서는 화려하고 아름다운 상여를 만들어 호화로운 장례식을 치렀습니다. 반면에 아무도 귀하게 여기지 않던 거지 나사로는 거적에 둘둘 말려 공동묘지에 버려졌습니다. 그런데 성경은 이 부자는 죽어 음부에 떨어져 불꽃 가운데서 고통을 당하고, 나사로는 천사들에게 받들려 낙원에 들어가서 하나님의 위로를 받았다고 말씀하고 있습니다.

음부에서 고통을 받던 부자는 나사로가 아브라함의 품에

안겨 있는 것을 보고 외쳤습니다. "아버지 아브라함이여! 내가 이 불꽃 가운데서 고통스러워 견딜 수가 없사오니 저 나사로를 보내어 손가락으로 물 한 방울을 찍어 내 혀를 서늘하게 하도록 해 주옵소서." 이에 아브라함이 이와 같이 대답했습니다. "얘 너는 살았을 때에 좋은 것을 받았고 나사로는 고난을 받았으니 이것을 기억하라 이제 그는 여기서 위로를 받고 너는 괴로움을 받느니라 그뿐 아니라 너희와 우리 사이에 큰 구렁텅이가 놓여 있어 여기서 너희에게 건너가고자 하되 갈 수 없고 거기서 우리에게 건너올 수도 없게 하였느니라"(눅 16:25-26).

부자는 이 세상에 사는 동안 하나님을 경외하지 않고 하늘나라를 사모하지 않았습니다. 천년만년 살 것처럼 호의호식하며 날마다 잔치를 벌이고 허황된 인생을 살았습니다, 그렇기 때문에 그는 구원받지 못하고 음부에 떨어지고 말았습니다. 그러나 나사로는 비록 비참한 거지 신세로 한세상을 살았지만 하나님을 경외하고 하늘나라를 사모하며 살았기 때문에 구원을 받아서 죽은 후에 낙원에 들어간 것입니다.

이 비유에서 보듯이, 사람은 일생을 통해서 무엇을 심던지 내세에서 그것을 거두게 됩니다. 심고 거두는 법칙은 하나님께서 세우신 법칙이기 때문에 아무도 변경시키거나 철폐할 수 없습니다. 인간의 수단과 방법으로 비껴 갈 수도 없습니다. 심고 거두는 법칙은 이 땅이 존재하는 동안 영원히 지속되는 것입니다.

2. 역사에 나타난 심고 거두는 법칙

예수님께서는 "칼을 가지는 자는 다 칼로 망하느니라"(마 26:52)고 말씀하셨습니다. 이 말씀은 역사를 통해 증명되어 왔습니다. 온 세계를 칼로 정복한 로마 제국을 보십시오. 인류 역사상 로마만큼 강력한 제국은 없었습니다. 그러나 2천 년의 세월이 지난 지금 어떻게 되었습니까? 그 화려했던 로마 제국은 이제 역사의 한 페이지를 장식하는 국가로밖에 남아 있지 않습니다.

반면에 같은 시대를 살았던 예수 그리스도는 어떻습니까? 예수님께서는 로마의 식민지였던 유대의 나사렛 출신으로, 로마법의 심판을 받아 처참하게 십자가에 못 박혀 몸 찢기고 피 흘려 죽으셨습니다. 그러나 예수님께서는 칼 대신에 사랑을 사용하셨습니다. 사랑의 복음을 가지고 사람들을 도와주고 격려하고 위로하고 소망을 주셨습니다. 그리고 그때로부터 2천 년이 지난 지금 예수 그리스도의 사랑은 온 천하를 뒤덮고 있습니다. 지금도 예수 그리스도를 위해 목숨을 내놓고 죽을 사람이 이 세상에 수없이 많습니다.

칼을 쓰는 사람은 칼로써 망합니다. 그러나 사랑으로 심은 사람은 그 사랑의 결과로 역사가 존재하는 한 계속해서 아름다운 열매를 맺습니다. 인간적인 생각으로 보면 일시적인 권력을 이용하여 총칼이나 폭력으로 일을 성취할 수 있을 것 같지만 그렇지 않습니다. 사랑만이 우리에게 영원한 평화와 기쁨과 행복을 가져다줄 수 있는 것입니다.

세계의 역사를 보면 어느 나라든 무력으로 이웃을 침략하고 짓밟은 나라는 오래가지 못하고 멸망했습니다. 제2차 세계 대전의 교훈을 보십시오. 당시 일본은 대동아 공영권이라는 허울 좋은 간판을 내걸고 대동아 전쟁을 일으켜 무력으로 아시아를 점령하려 했지만 원자탄을 맞고 무조건 항복을 했습니다. 또 독일의 나치즘은 어떻습니까? 히틀러의 어리석은 논리로 아리안 민족이 세계를 지배하고자 온 유럽을 황폐화시켰지만 오래가지 못하고 연합군에게 처참하게 패하고 말았습니다.

　우리나라의 역사를 살펴보아도 이 사실을 깨달을 수 있습니다. 역대 정권이 사용한 독재 공권력의 폭력, 비리와 부정 축재 등이 가져온 결과가 무엇입니까? 우리가 지금 당면한 사회의 부조리, 혼란, 고통, 괴로움입니다. 과거에 잘못 심었기 때문에 국민들이 눈물을 머금고 거두는 것입니다. 그러므로 우리 국민들은 정부와 지도자들이 무엇을 심는가 잘 지켜보아야 합니다. 올바르게 심지 않으면 우리의 후손들이 고스란히 그 열매를 먹어야 하기 때문입니다.

　오늘날 북한을 보십시오. 세습을 하면서까지 독재를 유지하려고 합니다. 그런데 아무리 선량한 사람도 오랜 세월 독재하다 보면 부정부패를 저지를 수밖에 없습니다. 반대 세력을 총칼로 탄압하지 않고는 오랜 세월을 독재할 수 없습니다. 북한이 독재를 유지하기 위해 펼치는 노예 정치, 우상화, 우민화 그리고 무력 남침 파괴 공작 등은 반드시 반작용을 불러옵니다. 지금은 총칼로 억압하고 있지만, 일단 자유화의 바람이 들어가면 반독재 자유 민주 개방화의 거센 운동이 일어날 것입니다.

　심은 것은 반드시 거두게 됩니다. 바람으로 심으면 폭풍으로 거두는 것이 당연합니다. 잘못된 것을 심어 놓고 모르쇠로 일관하며 거두지 않겠다고 생각하는 것은 어리석은 인간의 바람일 뿐입니다.

3. 삶에서의 심고 거두는 법칙

우리는 무슨 일을 하건 올바른 동기로 해야 합니다. 동기가 악하면 아무리 그 행위가 겉보기에 번지르르해도 반드시 나쁜 열매를 맺습니다. 성경은 "기록된바 그가 흩어 가난한 자들에게 주었으니 그의 의가 영원토록 있느니라 함과 같으니라"(고후 9:9)고 말씀합니다. 이 말씀과 같이 내가 가진 것을 흩어서 가난한 자들에게 나누어 주겠다는 마음의 동기가 있어야 합니다.

요사이 우리나라는 조금 잘살게 되었다고 해서 허장성세하고 사치와 방종이 이루 말할 수가 없습니다. 이렇게 해서는 우리나라가 결코 안전하고 평안할 수 없습니다. 있는 자는 점점 더 사치하고, 없는 자는 상대적으로 그만큼 더 가난으로 인한 좌절감을 뼈저리게 느끼게 됩니다. 그래서 있는 자와 없는 자 사이에 깊은 골이 생기게 됩니다. 국민들이 서로 화해하고 화평한 가운데 손잡고 살 수가 없습니다. 있는 자가 자제하고 자신이 가진 것을 없는 자와 나누면서 살겠다는 마음의 동기가 있어야 자신도 행복하고 남도 행복하게 살아갈 수 있는 것입니다.

손에 움켜쥔 것이 행복을 가져다주지 않습니다. 참된 복이란 나누면서 느끼는 진실한 만족과 기쁨과 행복입니다. 그렇기 때문에 예수님께서는 주는 자가 받는 자보다 복이 있다고 말씀하셨습니다(행 20:35).

우리 사회는 좀 더 남에게 나누어 줄 줄 아는 사회가 되어야 합니다. 진실로 하나님께 복을 받은 사회나 개인은 가난한 사람들에게 자신의 것을 나누어 주는 삶을 살아야 합니다. 한 국가가 잘되려면 정부 시책이 가난한 사람을 염두에 두고 책정되어야 합니다. 부자를 중심으로 정부 시책을 책정해서는 안 됩니다. 부자에게는 세금을 더 많이 거두고 그것을 가난한 사람에게 나누어 주는 정책을 펼쳐야 함께 잘사는 나라, 국민들이 신뢰하고 칭송하는 정부가 되는 것입니다.

개인도 마찬가지입니다. 성도들이 왜 하나님께 복을 달라고 합니까? 성경은 "너희가 모든 일에 넉넉하여 너그럽게 연보를 함은 그들이 우리로 말미암아 하나님께 감사하게 하는 것이라"(고후 9:11)고 말씀합니다. 하나님께서는 우리가 복을 받아 하나님께 많은 물질을 드려서 교회가 그 물질을 가지고 주의 사업과 구제 사업을 많이 하기를 원하십니다. 그러므로 우리는 좋은 일을 많이 할 수 있도록 하나님께 복 받기를 간구하여야 하는 것입니다.

그러나 자신의 유익만을 위해서 하나님께 복을 달라고 한다면 중대한 잘못을 저지르는 것입니다. 이와 같은 사람은 스스로 부패하고 맙니다. 탐욕으로 가득 차서 받아들이기만 하고 나누지 않으면 그 속에 죽음이 생겨납니다. 민족과 국가도 예외가 아닙니다. 부강한 나라가 되면 혼자서만 잘살 것이 아니라 가난한 주변국과 나누어야 합니다. 정치와 권력도 나누어야 부패하지 않습니다.

성경은 "하나님이 능히 모든 은혜를 너희에게 넘치게 하시나니 이는 너희로 모든 일에 항상 모든 것이 넉넉하여 모든 착한 일을 넘치게 하게 하려 하심이라"(고후 9:8)고 말씀합니다. 이 말씀과 같이 하나님께서는 우리가 착한 일을 하며 살기를 원하십니다. 남을 해치면서 사는 것은 하나님께서 원하시는 삶이 아닙니다.

오늘날 한국 사회에 범죄가 횡행하고 인심이 메마르게 된 이유 중 하나는 바로 교회의 실패입니다. 물론 그동안 독재 정치와 정치권력이 사회 환경을 부조리와 불신으로 채운 것도 사실입니다. 그러나 우리가 좀 더 기도하고 좀 더 세상에서 빛과 소금이 되었다면 이러한 사회적 분위기를 일소했을 것입니다. 그러므로 지금부터라도 우리가 하나님 앞에서 더욱 열심히 기도하고 빛과 소금의 역할을 감당하여 우리 사회에 변화를 가져와야 합니다.

지금 우리에게 필요한 것은 회개입니다. 예수님께서는 "회개하라 천국이 가까이 왔느니라"(마 3:2)고 말씀하셨습니다. 회개하지 않는 곳에는 절대로 하나님의 나라가 임할 수 없습니다. 잘못을 인정하고 회개하고 돌이켜서 청산해야 개인도 살고 가정도 살고 사회와 국가도 살 수 있습니다. 심고 거두는 법칙을 통해 소생하게 되는 것입니다.

고린도후서 9장 6절부터 7절에는 "이것이 곧 적게 심는 자는 적게 거두고 많이 심는 자는 많이 거둔다 하는 말이로다 각각 그 마음에 정한 대로 할 것이요 인색함으로나 억지로 하지 말지니 하나님은 즐겨 내는 자를 사랑하시느니라"고 기록되어 있습니다. 물질적으로 풍요한 생활도 심고 거두는 법칙에 의해서 이루어집니다. 하나님 앞에 적게 심으면 적게 거두고 많이 심으면 많이 거두는 것입니다.

심고 거두는 법칙은 하나님께서 우주에 세워 놓으신 법칙입니다. 이것은 영적인 법칙이요, 정치적인 법칙이요, 사회적인 법칙이요, 실제적인 생활의 법칙입니다. 아무것도 심지 않고 무엇인가를 거둘 줄로 생각하는 것보다 어리석은 일이 없습니다. 농부가 논과 밭에 아무것도 심지 않고 들에 나와 앉아서 "하나님이여! 많은 곡식을 주실 줄 믿습니다." 하고 아무리 기도한들 소용이 없습니다. 심고 난 후에 기도해야지 심지도 않고 기도하는 것은 어리석은 행동입니다.

저는 필리핀에서 독재의 열매가 얼마나 비참한지 실감했습니다. 마르코스 대통령 일가가 20년 동안 독재하면서 부정부패를 심은 결과, 오늘날 필리핀 사회가 황무지같이 황폐해졌습니다. 길거리마다 거지가 득실거려서 도무지 차를 타고 신호등 앞에 서 있을 수가 없습니다. 거지들이 앙상한 손을 내밀고서 돈을 달라 아우성입니다. 시내 한가운데를 마음 놓고 다닐 수가 없습니다. 그 많은 외국의 차관을 가져왔는데도 불구하고 필리핀을 가로지르는 고속도로가 하나밖에 없습니다. 거대한 극장과 회의장은 지었지만 산업 시설은 하지 않았습니다. 필리핀의 부채가 삼백억 달러라는데, 그보다 더 많은 돈을 한 개인이 스위스 은행으로 빼돌렸습니다. 그렇게 잘못 심어 놓고 난 다음에 어떻게 나라와 국민이 잘살 것을 기대할 수 있겠습니까?

나는 필리핀에 일주일간 머물면서 통곡을 했습니다. 그 민족을 위해 통곡을 하고, 우리나라와 민족에 대해 '만일 우리도 잘못 심으면 이렇게 될 것이 아닌가? 우리의 후손들도 이렇게 될 수 있지 않은가?' 하는 경각심을 가졌습니다. 어떤 정치인은 "과거에 필리핀을 보면 '우리가 필리핀처럼 되어서는 안 되겠다.'고 생각했는데, 요즈음에는 '우리나라가 필리핀처럼 되고 있지는 않은가?' 하는 우려를 합니다."라고 말했습니다.

여러분, 지금이 바로 우리가 정신을 차려야 할 때입니다. 깨어서 기도하고 우리가 무엇으로 심는가를 심각하게 생각해야 합니다. 바른 것을 심되 잘 심어야 합니다.

4. 내일을 위해 무엇을 심을 것인가?

오늘보다 나은 내일, 현재보다 살기 좋은 미래는 모든 사람의 꿈입니다. 그렇다면 우리는 보다 나은 내일을 위해 오늘 무엇을 심어야 할까요?

첫째, 우리는 신뢰를 심어야 합니다. 거짓을 심고서는 신뢰를 거두지 못합니다. 오늘 거짓말을 하면서 내일 신뢰를 거둘 수 있다고 생각하는 것은 잘못된 것입니다. 국가도 국민에게 거짓말을 하지 말아야 하고, 국민들 상호간에도 거짓말을 하지 말아야 합니다. 아무리 손해가 나는 일이 있더라도 자신이 한 말을 끝까지 실천하는 진실을 심어야 합니다. 진실을 심어야 신뢰를 거두고, 신뢰가 자라서 충성을 맺는 것입니다.

둘째, 우리는 꿈과 희망을 심어야 합니다. 사람들은 비록 몸은 현재에 있어도 마음은 언제나 미래에 살고 있습니다. 그러므로 미래의 희망과 꿈이 없는 사람들은 좌절하는 것입니다.

오늘날 우리 민족에게 가장 필요한 것이 내일에 대한 희망입니다. 지금 우리 민족이 숨 막힐 것 같은 답답함을 느끼는 이유도 국가가 국민에게 희망을 심어 주지 않기 때문입니다. 정부와 지도자는 국민에게 희망과 꿈을 심어 주어야 됩니다. 그래야 안정되고 생산적인 사회를 이룩할 수 있습니다.

개인도 희망과 꿈이 있어야 살 수 있습니다. 예수님께서는 우리에게 새 하늘과 새 땅과 새 예루살렘의 장쾌하고도 아름다운 희망을 주셨습니다. 예수님께서는 우리 앞에 사망이 없고 애통하는 것이나 곡하는 것이나 아픈 것이 없는 새 하늘과 새 땅과 새 예루살렘을 예비해 놓으시고 그곳을 향해서 우리를 인도해 가고 계십니다. 그러므로 우리는 지금 이 세상에서 수고하며 살지만 우리의 마음속에는 하늘나라에서 영원히 행복하게 살 내일의 꿈이 있습니다. 우리는 마음속에 이 꿈과 희망을 품고 어떠한 환경에서도 기쁨을 가지고 살 수 있습니다. 우리가 이 땅에서 아무리 고생하고 괴로움을 당하고 산다고 할지라도 우리는 이 찬란한 꿈과 희망을 바라보며 꿋꿋하게 살아갈 수 있습니다. 희망과 꿈을 심어서 행복을 거둘 수 있는 것입니다.

셋째, 우리는 사랑을 심어야 합니다. 주먹은 주먹을 부르고, 칼은 칼을 부르며, 폭력은 폭력을 부릅니다. 그러나 사랑을 심으면 사랑과 화합을 거둘 수 있습니다.

넷째, 우리는 십자가 복음을 심어야 합니다. 하나님께서 세우신 심고 거두는 법칙은 이 세상이 끝날 때까지 지속됩니다. 인간이 변개할 수 없습니다. 그러므로 오늘 이 시간 우리는 삶 속에 그리스도를 심어 영생을 준비해야 합니다. 영생은 우연히 다가오지 않습니다. 우리가 생전에 회개하고 예수 그리스도로 심어야 그리스도로 말미암아 영생과 천국을 거두게 되는 것입니다.

이 땅에 사는 동안 우리는 믿음과 소망과 사랑을 심으며 살아야 합니다. 그리고 하늘나라 영광을 위해서, 또 이웃을 위해서 시간과 수고와 물질을 심어야 합니다. 심지 않고 거두는 법은 없습니다. 아무것도 심지 않으면 황무지로 거두고, 바람으로 심으면 폭풍으로 거두며, 폭력으로 심으면 파멸로 거둡니다. 그러므로 우리는 어찌하든지 그리스도의 사랑 안에서 의와 평강과 희락을 심어 이 땅에 사는 동안 사랑과 행복을 거두고, 복음의 씨앗을 심어 영원한 생명과 천국을 거두어야겠습니다.

참된 이웃

"어떤 율법교사가 일어나 예수를 시험하여 이르되 선생님 내가 무엇을 하여야 영생을 얻으리이까 예수께서 이르시되 율법에 무엇이라 기록되었으며 네가 어떻게 읽느냐 대답하여 이르되 네 마음을 다하며 목숨을 다하며 힘을 다하며 뜻을 다하여 주 너의 하나님을 사랑하고 또한 네 이웃을 네 자신같이 사랑하라 하였나이다 예수께서 이르시되 네 대답이 옳도다 이를 행하라 그러면 살리라 하시니 그 사람이 자기를 옳게 보이려고 예수께 여짜오되 그러면 내 이웃이 누구니이까 예수께서 대답하여 이르시되 어떤 사람이 예루살렘에서 여리고로 내려가다가 강도를 만나매 강도들이 그 옷을 벗기고 때려 거의 죽은 것을 버리고 갔더라 마침 한 제사장이 그 길로 내려가다가 그를 보고 피하여 지나가고 또 이와 같이 한 레위인도 그곳에 이르러 그를 보고 피하여 지나가되 어떤 사마리아 사람은 여행하는 중 거기 이르러 그를 보고 불쌍히 여겨 가까이 가서 기름과 포도주를 그 상처에 붓고 싸매고 자기 짐승에 태워 주막으로 데리고 가서 돌보아 주니라 그 이튿날 그가 주막 주인에게 데나리온 둘을 내어 주며 이르되 이 사람을 돌보아 주라 비용이 더 들면 내가 돌아올 때에 갚으리라 하였으니 네 생각에는 이 세 사람 중에 누가 강도 만난 자의 이웃이 되겠느냐 이르되 자비를 베푼 자니이다 예수께서 이르시되 가서 너도 이와 같이 하라 하시니라"(눅 10:25-37)

사람은 혼자 살아갈 수 없습니다. 원하든지 원치 않든지 항상 이웃이 곁에 있습니다. 남편과 아내, 부모와 자식, 형제자매, 친구, 심지어 괴로움을 끼치는 원수까지도 모두 더불어 사는 이웃들입니다. 좋은 이웃이 있으면 복되지만 좋지 않은 이웃과 함께 살면 굉장히 불행합니다.

그렇다면 우리는 이웃에게 어떤 존재입니까? 좋은 이웃입니까, 나쁜 이웃입니까? 예수님께서는 우리에게 좋은 이웃이 되라고 말씀하셨습니다.

1. 누가 우리의 이웃입니까?

성경을 보면 한 율법교사가 예수님을 시험하는 장면이 나옵니다. 그는 예수님께 "내가 무엇을 하여야 영생을 얻을 수 있겠습니까?"라고 물었습니다. 예수님께서는 상대가 율법교사이므로 그가 잘 아는 율법으로 응대하셨습니다. "율법에 무엇이라 기록되었으며 네가 어떻게 읽느냐?" 예수님의 이 말씀에 율법교사는 "네 마음을 다하며 목숨을 다하며 힘을 다하며 뜻을 다하여 주 너의 하나님을 사랑하고 또한 네 이웃을 네 자신같이 사랑하라 하였나이다."라고 대답하였습니다. 이에 예수님께서 "네 대답이 옳도다. 이를 행하라. 그러면 살리라."고 말씀하시자, 율법교사는 자기를 과시하기 위해서 "그러면 내 이웃이 누구니이까?"라고 물었습니다. 이때 예수님께서 한 가지 비유를 들어 율법교사에게 말씀하셨는데, 그것이 우리가 잘 아는 '강도 만난 자의 비유'입니다.

2. 강도 만난 자의 비유

한 사람이 예루살렘에서 여리고로 내려가다가 강도를 만났습니다. 예루살렘은 지대가 높은 반면 여리고는 예루살렘에서 70㎞ 정도 떨어진 낮은 지대에 있는 오아시스 도시로 농축산물이 풍부하였습니다. 그래서 사람들은 여리고의 수확물을 사 가지고 예루살렘으로 가서 장사하였습니다.

강도 만난 자의 비유에 나오는 사람도 예루살렘에서 장사를 마치고 다시 물건을 사기 위해 여리고로 내려가다가 강도들을 만나 봉변을 당했습니다. 그는 돈을 뺏기지 않으려고 대항했지만 가진 것과 옷을 빼앗기고 매를 맞아 거의 죽게 되어 길에 쓰러졌습니다. 상처에서 흐르는 피로 피투성이가 된 채 그는 의식이 점점 희미해져 갔지만 도움을 청할 사람이 없었습니다.

그런데 그때 마침 한 제사장이 그 곁을 지나가게 되었습니다. 제사장은 유대인의 율법을 수호하는 자입니다. 율법의 역할은 꾸짖고 정죄하고 심판하는 것입니다. 율법은 돕기 위해서가 아니라 심판하기 위해서 존재합니다. 그렇기 때문에 그 제사장은 도와 달라고 애원하는 그 사람을 피해 얼른 지나갔습니다.

제사장이 지나간 후에 레위인이 그 곁을 지나갔습니다. 레위인은 의식을 행하는 자입니다. 의식이란 제사를 돕는 여러 형식과 예식을 의미합니다. 의식은 종교적인 절차일 뿐 그 내용과는 무관합니다. 이 레위인 역시 성막을 치고 성전 뜰에 여러 기구를 정비하고 정돈하는 의식을 행하지만 신앙의 내용인 의로움과 사랑과 믿음에는 무관심했습니다. 성경은 "즐거워하는 자들과 함께 즐거워하고 우는 자들과 함께 울라 서로 마음을 같이하며 높은 데 마음을 두지 말고 도리어 낮은 데 처하며 스스로 지혜 있는 체하지 말라"(롬 12:15-16)고 말씀합니다. 그러나 레위인은 의식에 치우친 나머지 피투성이가 되어 죽어 가는 사람에게 관심을 보이지 않고 그냥 지나갔습니다.

이제 강도 만난 사람은 영락없이 죽게 되었습니다. 마침 그때 사마리아 사람이 근처를 지나가게 되었습니다. 당시 사마리아 사람들은 유대인들에게 개 취급을 받았습니다. 그런데 강도 만난 자의 곁을 지나가던 사마리아 사람은 사랑과 자비심을 가지고 있었습니다. 사마리아 사람은 율법주의자인 제사장같이 비평하지 않고 의식주의자인 레위인같이 무관심하지 않았습니다. 그는 죽어 가는 사람을 보고 불쌍히 여겼습니다. 그래서 그는 말에서 내려 강도 만난 자에게 가까이 다가가 자기가 가지고 있던 기름과 포도주로 상처 부위를 소독하고 자기 짐승에 태워 주막으로 데리고 가서 돌보아 주었습니다.

예수님께서는 이 비유를 말씀하신 후 율법교사에게 "이 세 사람 중에 누가 강도 만난 자의 이웃이 되겠느냐?"라고 물으셨습니다. 이에 율법교사가 "자비를 베푼 자니이다."라고 대답하자, 예수님께서는 "가서 너도 이와 같이 하라."고 말씀하셨습니다.

3. 우리에게 주시는 교훈

예수님께서 말씀하신 강도 만난 자의 비유는 우리에게 많은 교훈을 줍니다.

우리는 모두 강도 만난 자와 같습니다. 우리의 조상 아담과 하와가 에덴동산에서 강도를 만났습니다. 원수 마귀는 그들의 영혼을 죽이고 삶을 도둑질하고 미래를 훔쳐 갔습니다. 마귀는 아담의 자손들의 영혼과 삶의 복과 건강도 모두 강탈했습니다.

예수님께서는 "도둑이 오는 것은 도둑질하고 죽이고 멸망시키려는 것뿐이요 내가 온 것은 양으로 생명을 얻게 하고 더 풍성히 얻게 하려는 것이라"(요 10:10)고 말씀하셨습니다. 마귀는 의로움을 도둑질해 가고, 거룩함을 도둑질해 가고, 건강을 도둑질해 가고, 물질적인 풍요와 축복을 도둑질해 가고, 영원한 생명을 도둑질했습니다. 강도 만난 사람처럼 마귀에게 귀한 것을 다 빼앗기고 상처투성이가 되어 피 흘리고 있는 것이 우리의 실상입니다. 사람들은 죄책과 절망에 허우적거리며 허무와 무의미에서 빠져나오지 못하고 죽음의 공포 속에서 발버둥치고 있습니다.

그렇다면 누가 우리를 도와줄 수 있습니까? 율법입니까? 율법은 꾸짖고 정죄하고 심판하는 역할을 하기 때문에 율법 앞에 설 의인은 하나도 없습니다. 율법주의적인 남편은 항상 부인을 꾸짖고 흉보고 나무라고 할퀴고 짓밟습니다. 율법주의적인 아내는 항상 남편을 다른 사람과 비교하고 멸시하고 비평하고 판단합니다. 율법주의적인 부모는 자식을 정죄하고 억압하고 옭아맵니다. 이처럼 율법은 사람을 살리는 것이 아니라 심판하는 것입니다. 세상에 털어서 먼지 안 나는 사람이 없듯이 허물이 없는 사람은 한 사람도 없습니다. 그러므로 율법 앞에서 완전하다고 인정받을 사람은 아무도 없습니다. 성경은 "그러므로 율법의 행위로 그의 앞에 의롭다 하심을 얻을 육체가 없나니 율법으로는 죄를 깨달음이니라"(롬 3:20)고 말씀합니다. 율법이 오면 죄가 드러나기 때문에 그 누구도 율법 앞에 의로울 수 없습니다. 또한 성경은 "의인은 없나니 하나도 없으며"(롬 3:10)라고 말씀합니다. 어느 누구도 율법을 온전히 지킬 수 없습니다. 율법을 잘 지키다가 한 가지만 잘못해도 죄인이 됩니다. 율법 앞에서는 아무리 몸부림을 쳐도 결국 죄인으로 판명되는 것입니다.

의식이나 예식은 어떻습니까? 의식과 예식 위주의 종교가 우리를 도울 수 있습니까? 유대인의 할례를 받으면 구원받을 수 있습니까? 기독교의 침례가 구원을 보장합니까? 그런 의식이나 예식을 통해 구원받았다고 생각하는 것은 참으로 어리석고 잘못된 생각입니다.

저는 의식이 얼마나 부질없는 것인가를 경험한 적이 있습니다. 제가 19살 때 징병 검사를 받으러 갔다가 있었던 일입니다. 그날 저는 부흥회 통역을 담당했기 때문에 양해를 구하고 오전에 받아야 할 징병 검사를 오후에 받았습니다. 그런데 오후에 징병 검사를 받으러 가자 군의관 대위였던 담당 의사가 무슨 특권으로 오후에 왔느냐며 몹시 화를 냈습니다. 사정을 설명하고 해명을 해도 "통역? 웃기는 소리 하네. 너만 예수 믿나? 나는 세례 받은 교인이다."라고 호통을 치더니 담배를 꺼내 피워 물었습니다. 나는 속으로 '예수 믿고 세례 받은 사람이 왜 저렇게 무서울까? 동정심과 이해심이라고는 털끝만큼도 없이 정죄하고 판단만 하는구나.'라고 생각했습니다.

지금 생각해 보아도 그 사람은 구원받은 사람 같지 않습니다. 믿음과 행위가 일치하지 않기 때문입니다. 그러므로 우리가 의식이나 형식에 의지해서 "나는 침례 받았다. 나는 교회에 등록했다. 그러니 나는 구원받았다."라고 말할 수 없습니다. 회개하고 깨어져서 마음속에 예수님을 구주로 영접하고 성령으로 거듭나지 않으면 아무리 침례 받고 교회에 왔다 갔다 해도 구원과는 거리가 멉니다. "주여, 주여!" 하는 사람마다 천국에 가는 것이 아닙니다. 하나님의 뜻대로 예수님을 믿고 회개하고 성령으로 거듭나야 천국에 갈 수 있습니다.

성경은 "다른 이로써는 구원을 받을 수 없나니 천하 사람 중에 구원을 받을 만한 다른 이름을 우리에게 주신 일이 없음이라"(행 4:12)고 말씀했습니다. 예수 그리스도로 말미암아 구원받는 것이지 의식으로 구원받는 것이 아닙니다. 구원받았기 때문에 침례도 받고 교적도 만드는 것입니다.

오직 예수 그리스도만이 우리의 구원자이십니다. 예수님이 바로 선한 사마리아 사람입니다. 하나님의 아들이 육신을 입고 우리에게 오셔서 피투성이가 된 우리를 불쌍히 여기셨습니다. 주님은 우리를 보실 때 율법적인 눈으로 판단하고 비판하거나 무관심하게 보시지 않았습니다. 예수님께서는 우리를 불쌍히 보시고 우리의 죄와 불의와 죄악과 저주를 대신 짊어지고 십자가에서 몸 찢기고 피 흘리셨습니다. 예수님께서는 우리를 사랑하시기 때문에 자신을 희생하셨습니다. 이 예수님이야말로 우주가 창조되고 역사가 생긴 이래 우리를 사랑하여 구원하러 오신 선한 사마리아 사람인 것입니다.

예수님께서는 우리에게 성령의 기름을 부어 주심으로 우리를 깨닫게 하셨습니다. 성령님으로 말미암지 않고는 그 누구도 예수님을 '주'라고 부를 수 없습니다. 오직 성령님께서 역사하셔야 눈이 열리고 귀가 열리고 마음이 열리게 됩니다. 마태복음 16장 13절부터 30절을 보면, 예수님께서 가이사랴 빌립보 지방에 이르러 제자들과 대화하신 내용이 기록되어 있습니다. 이때 예수님께서 제자들에게 "너희는 나를 누구라고 하느냐"고 물어보시자, 베드로는 서슴지 않고 "주는 그리스도시요 살아 계신 하나님의 아들이시니이다"라고 대답했습니다. 그러자 예수님께서 "바요나 시몬아 네가 복이 있도다 이를 네게 알게 한 이는 혈육이 아니요 하늘에 계신 내 아버지시니라 또 내가 네게 이르노니 너는 베드로라 내가 이 반석 위에 내 교회를 세우리니 음부의 권세가 이기지 못하리라"(마 16:17-18)고 말씀하셨습니다.

우리가 육신으로는 예수님을 구주로 알 수도 없고 고백할 수도 없습니다. 성령님께서 역사해 주시지 않으면 우리가 깨달을 수 없고, 따라서 믿을 수도 없습니다. 성령님께서 깨닫게 하셔야 예수 그리스도가 구주인 것을 알게 되며, 예수님께서 십자가 고난을 받으심으로 우리가 죄에서 자유를 얻고 마귀와 세속에서 해방을 얻고 질병과 저주에서 자유와 해방을 얻고 사망과 음부를 이기고 영생 복락을 얻은 것을 알게 되는 것입니다.

선한 사마리아 사람이 강도 만난 자에게 기름을 바르고 포도주로 상처를 소독한 것처럼, 예수님께서는 성령으로 우리에게 깨닫게 하시고 보혈로 씻어 정결하게 하시고 사망에서 생명으로 옮겨 주셨습니다. 마귀의 권세에서 건져 내어 하나님의 사랑의 아들의 나라로 옮겨 주셨습니다. 사마리아 사람이 자기의 옷을 찢어 붕대를 만들어서 상처를 싸매어 주었듯이, 예수님께서는 우리를 이해하시고 동정하시고 품에 안고 돌보아 주십니다. 그러므로 예수님 외에는 우리를 건져 줄 자가 천하에 없습니다.

예수님께서는 오늘도 두 팔을 활짝 벌리시고 "죄로 인하여 수고하고 무거운 짐 진 자, 불의와 추악으로 무거운 짐 진 자, 버림받아 수고하고 무거운 짐 진 자, 고통 가운데 수고하고 무거운 짐 진 자들은 다 내게로 오라! 내가 너희를 쉬게 하리라."고 말씀하십니다.

십자가를 바라보십시오. 예수님께서 십자가에서 친히 우리의 짐을 다 짊어지셨습니다. 나의 죄가 십자가에서 청산되었습니다. 나의 질병과 고통도 예수님께서 십자가에서 청산하셨습니다. 나의 저주와 절망, 죽음도 십자가에서 청산하시고 부활하셨습니다. 예수님으로 말미암아 우리의 옛 사람은 죽고 새사람으로 거듭났습니다. 성경은 "누구든지 그리스도 안에 있으면 새로운 피조물이라 이전 것은 지나갔으니 보라 새것이 되었도다"(고후 5:17)라고 말씀합니다.

우리는 이제 새로운 신분이 되었습니다. 우리는 용서받은 의인의 신분이 되었습니다. 거룩하고 성령 받은 신분이 되었습니다. 치료받고 건강한 신분이 되었습니다. 축복받고 승리한 신분이 되었습니다. 부활, 영생, 천국에 합류한 신분이 되었습니다. 또한 우리는 새로운 직위를 얻었습니다. 하나님께서 택하신 족속의 지위를 얻었습니다. 왕 같은 제사장의 지위, 거룩한 나라의 지위, 하나님의 소유된 백성의 지위를 얻었습니다. 이 얼마나 놀라운 일입니까.

우리는 더 이상 옛 사람이 아닙니다. 옛날처럼 패배하는 사람이 아니라 승리하는 사람입니다. 세상에 속한 사람이 아니라 하늘나라에 속한 사람입니다. 마귀의 자식이 아니라 하나님의 자녀입니다. 이와 같이 자신이 어떤 사람인지 정확히 알고 있는 사람은 마귀를 대적할 수 있습니다. 그러므로 예수 그리스도 안에서 확실한 정체성을 가지고 마귀를 대적하여 승리하는 우리가 되어야겠습니다.

4. 우리가 좋은 이웃이 되어야 할 차례

예수님께서 좋은 이웃이 되어 우리를 구원하여 주셨으므로 우리도 다른 사람들에게 좋은 이웃이 되어야 합니다. 우리 주위에는 고난당하는 사람들이 수없이 많습니다. 우리가 이들에게 어떤 이웃이 되느냐에 따라 마지막 심판 때 어느 편에 서는가가 결정됩니다.

마태복음 25장에는 마지막 심판 때의 모습이 기록되어 있습니다. 예수님께서는 마치 목자가 양과 염소를 가르듯이 사람들을 두 무리로 나누신 후 양 무리에 속한 사람들에게 다음과 같이 말씀하십니다.

"내 아버지께 복 받을 자들이여 나아와 창세로부터 너희를 위하여 예비된 나라를 상속받으라 내가 주릴 때에 너희가 먹을 것을 주었고 목마를 때에 마시게 하였고 나그네 되었을 때에 영접하였고 헐벗었을 때에 옷을 입혔고 병들었을 때에 돌보았고 옥에 갇혔을 때에 와서 보았느니라"(마 25:34-36).

그리고 염소의 무리에 속한 사람들에게 이와 같이 말씀하십니다.

"저주를 받은 자들아 나를 떠나 마귀와 그 사자들을 위하여 예비된 영원한 불에 들어가라 내가 주릴 때에 너희가 먹을 것을 주지 아니하였고 목마를 때에 마시게 하지 아니하였고 나그네 되었을 때에 영접하지 아니하였고 헐벗었을 때에 옷 입히지 아니하였고 병들었을 때와 옥에 갇혔을 때에 돌보지 아니하였느니라"(마 25:41-43).

우리가 선한 사마리아 사람처럼 좋은 이웃이 되어서 예수님의 이름으로 배고픈 사람을 먹이고 헐벗은 사람을 입히고 나그네 된 사람을 영접하고 병든 사람을 치료하고 옥에 갇힌 사람을 돌보는 것은 곧 예수님을 대접하는 것과 같습니다. 도움이 필요한 이웃을 예수님께 하듯이 대접하면 예수님을 대접하는 것이 되는 것입니다.

이런 이야기가 있습니다. 한 부부가 기도하는 중에 "오늘 내가 너희 집에 가겠다."고 하는 주님의 음성을 들었습니다. 부부는 집안 청소를 하고 좋은 음식을 준비해 놓고서 하루 종일 예수님을 기다렸지만 아무도 오지 않다가 밤이 이슥해서야 문을 두드리는 소리가 들렸습니다. 나가 보니 눈보라가 치고 몹시 추운데 한 고아가 벌벌 떨고 서 있었습니다. 부부는 가여운 마음이 들어 그 아이를 데리고 들어와 목욕을 시키고 옷을 입혀 주고 밥을 먹여서 보냈습니다. 그런데 고아가 돌아간 후에도 예수님께서는 오시지 않았습니다. 자정이 다 되어 '예수님께서 안 오시는가 보다. 늦었으니 그만 기다리고 잠이나 자야겠다.' 하고 잠을 청하려는데 또 문을 두드리는 소리가 들렸습니다. 부부가 일어나서 나가 보니 길을 가다가 눈보라를 피하지 못하고 거의 동사할 지경이 된 한 나그네가 도움을 청하는 것이었습니다. 부부는 그를 집에 들여 따뜻한 옷과 음식을 주고 하룻밤 재웠습니다. 이튿날 아침 나그네가 돌아간 뒤에 부부는 "주님! 주님께서 우리를 속이신 것입니까? 오신다고 하신 주님은 오시지 않고 고아와 나그네만 왔다 갔습니다."라고 기도했습니다. 그런데 그날 밤 부부의 꿈에 예수님께서 나타나셔서 "내가 너희 집에 가서 대접을 잘 받았다."라고 말씀하셨습니다. 부부가 어리둥절하여 "언제 오셨습니까? 언제 우리가 주님을 대접했습니까?"라고 묻자, 예수님께서 "내가 고아의 모습과 나그네의 모습으로 찾아갔는데 너희들이 잘 대접해 주었다. 고맙다."라고 말씀하셨습니다.

오늘날도 예수님께서는 고아의 모습으로, 나그네의 모습으로, 고통당하는 이웃의 모습으로 우리에게 찾아오십니다. 굶주린 자로서, 병든 자로서, 감옥에 갇힌 자로서 우리 이웃에 계십니다. 그들에게 사랑을 베푸는 것이 바로 예수님을 대접하는 것입니다.

예수님께서는 "내가 진실로 너희에게 이르노니 너희가 여기 내 형제 중에 지극히 작은 자 하나에게 한 것이 곧 내게 한 것이니라"(마 25:40)고 말씀하십니다. 그러므로 우리는 '예수님을 실제로 만나면 잘 섬기겠다.'라고 생각하지 말고 주위에 있는 사람들을 예수님처럼 대접해야 합니다.

율법주의자는 언제나 정죄합니다. "왜 거지가 되었나? 게으르기 때문이다.", "왜 직장이 없는가? 3D 업종은 안 하려고 하고 편한 것만 찾아서 그렇다." 이처럼 도움을 베풀지 않고 율법의 잣대로 비판합니다. 정죄와 비난은 사람들을 더 절망하고 낙심하게 할 뿐입니다. 의식주의 신자들은 "나는 교회에서 침례도 받고 성찬에도 참여하고 십일조도 드리고 주일 성수를 하니 이만하면 충분하다. 남이야 어찌되든 관심 없다."라고 합니다. 그들은 이웃에 무관심합니다. 의로움과 사랑과 진실함을 저버리고 내용 없는 형식만 가지고 교회에 다닙니다.

성경은 "내 형제들아 만일 사람이 믿음이 있노라 하고 행함이 없으면 무슨 유익이 있으리요 그 믿음이 능히 자기를 구원하겠느냐 만일 형제나 자매가 헐벗고 일용할 양식이 없는데 너희 중에 누구든지 그에게 이르되 평안히 가라, 덥게 하라, 배부르게 하라 하며 그 몸에 쓸 것을 주지 아니하면 무슨 유익이 있으리요 이와 같이 행함이 없는 믿음은 그 자체가 죽은 것이라"(약 2:14-17)고 말씀합니다.

우리는 믿음으로 구원받았지만, 이 구원은 선한 사마리아 사람이 되기 위한 것입니다. 우리가 큰 부자가 되어야 선한 사마리아 사람이 되는 것이 아닙니다. 선한 사마리아 사람은 자신이 가진 기름과 포도주와 입고 있는 옷으로 강도 만난 자를 도와주었습니다. 이와 같이 가진 것이 많지 않더라도 지금 나에게 있는 것을 나누어 주면 됩니다. 빵 한 조각을 나누어 먹는 사람, 옷이 두 벌 있으면 한 벌을 나누어 주는 사람, 신발이 두 켤레 있으면 한 켤레를 나누어 주는 사람이 선한 사마리아 사람입니다.

성경은 "주라 그리하면 너희에게 줄 것이니 곧 후히 되어 누르고 흔들어 넘치도록 하여 너희에게 안겨 주리라"(눅 6:38)고 말씀합니다. 하나님께서는 주는 자, 심는 자를 절대로 빈손으로 돌아가게 하시지 않습니다.

우리 교회는 북한에 심장병원을 짓고 있습니다. 이에 대해 어떤 사람들은 우리나라에도 병들어 고통당하는 사람들이 많은데 굳이 평양에 병원을 짓는 이유가 무엇이냐고 말합니다. 지금 우리나라는 하나님의 축복을 받아서 최첨단 시설을 갖춘 훌륭한 병원들이 많습니다. 그러나 북한은 어떻습니까? 그들은 강도 만난 이웃입니다. 헐벗고 굶주리고 병들고 고통당하는 이웃입니다.

우리가 북한을 향해서 "체제가 잘못되어서 그렇다. 정치를 잘못해서 그렇다. 게을러서 그렇다."라고 비난하고 공격만 한다면 율법주의자와 무슨 차이가 있습니까? 우리만 잘 먹고 잘 입고 잘살면 된다고 생각하는 사람은 레위인과 같은 의식주의자요, 내용이 없는 신앙인과 같습니다. 이웃이 고통당하고 있는 이상 우리 마음이 편할 수가 없습니다. 성자 예수님께서 왜 사람의 몸을 입고 세상에 오셨습니까? 세상 사람들이 죄짓고 병들고 고통당하고 있는 모습이 불쌍해서 하늘 보좌에 편히 앉아 계실 수 없으셨기 때문입니다.

사랑은 고통을 함께 감내하는 것입니다. 부모는 못사는 자식에게 항상 마음이 갑니다. 그 자식과 함께 고통을 나눕니다. 우리가 진정 예수 그리스도의 마음을 가졌다면 북한 동포에게 관심을 가지고 고통을 함께 걸머지는 자세를 가져야 합니다. 그래서 우리 교회는 심장병으로 고통당하는 있는 수많은 어린아이와 어른에게 도움을 주기 위해 북한에 심장병원을 세우는 것입니다. 우리가 사랑을 베풀면 하나님께서 우리나라에 복을 주시고, 한국 교회에 복을 주시고, 우리 민족에게 은혜를 베풀어 주실 것입니다.

우리는 힘을 합쳐서 사랑을 실천하는 좋은 이웃이 되어야만 합니다. 우리는 지구촌이라는 운명 공동체에 속해 있습니다. 한배를 타고 있는 것입니다. 얼마 지나지 않아 우리는 모두 하나님의 심판대 앞에 서게 됩니다. 양이 될지 염소가 될지는 우리 자신의 행위로 결정됩니다. 예수님의 사랑을 이웃에게 실천하면 양 무리에 속하고, 이기주의자로 살면 염소의 무리에 속할 것입니다.

예수님은 사랑이십니다. 그러므로 예수님을 구주로 영접하였다면 사랑을 갖지 않을 수 없습니다. 회개하고 거듭나서 예수님을 구주로 모신 사람은 사랑의 사람이 되는 것이 당연합니다. 사랑은 이웃의 짐을 나누어 지는 것이요, 선한 사마리아 사람이 되는 것입니다. 그러므로 우리는 선한 사마리아 사람이 되도록 노력하고 언제나 이웃을 위하여 선한 일에 힘써야 하는 것입니다.

신앙인의 가장 큰 덕목은 사랑입니다. 하나님을 사랑하고 이웃을 내 몸처럼 사랑할 때 구원의 아름다운 열매가 열립니다. 예수님께서 우리를 사랑하셔서 십자가에 못 박혀 죽으심으로 우리를 구원하셨으니, 우리도 이 예수님의 사랑을 이웃에게 베푸는 이 시대의 선한 사마리아 사람이 되어야겠습니다.

친구

"이러므로 내가 하늘과 땅에 있는 각 족속에게 이름을 주신 아버지 앞에 무릎을 꿇고 비노니 그의 영광의 풍성함을 따라 그의 성령으로 말미암아 너희 속사람을 능력으로 강건하게 하시오며 믿음으로 말미암아 그리스도께서 너희 마음에 계시게 하시옵고 너희가 사랑 가운데서 뿌리가 박히고 터가 굳어져서 능히 모든 성도와 함께 지식에 넘치는 그리스도의 사랑을 알고 그 너비와 길이와 높이와 깊이가 어떠함을 깨달아 하나님의 모든 충만하신 것으로 너희에게 충만하게 하시기를 구하노라 우리 가운데서 역사하시는 능력대로 우리가 구하거나 생각하는 모든 것에 더 넘치도록 능히 하실 이에게 교회 안에서와 그리스도 예수 안에서 영광이 대대로 영원무궁하기를 원하노라 아멘"(엡 3:14-21)

우리는 이 세상을 살아가면서 부모, 형제, 친척, 이웃 등 많은 사람들을 만납니다. 그러나 이들이 다 친구가 되지는 않습니다. 친구란 이해와 동정과 사랑의 관계로, 시련과 환난과 고통을 당할 때 큰 위로와 도움이 되는 이웃을 말합니다.

UC 버클리 대학의 레너드 사임(Leonard Syme) 교수는 사회적 유대감과 지지 시스템이 인간의 생명과 질병에 큰 영향을 준다고 말했습니다. 사회적으로 유대 관계가 깊을수록 그 사회 구성원들은 건강하고 사망률이 낮은 반면, 고립의 정도가 높을수록 건강이 약화되고 사망률도 높아진다는 것입니다. 사임 교수에 따르면 일본이 건강 면에서 세계 1위인데, 그 이유는 사회적, 문화적, 전통적으로 유대 관계가 매우 강하기 때문이라고 말했습니다. 좁은 땅에 많은 사람이 모여 살다 보니 유대가 강할 수밖에 없습니다. 친밀하고 밀접한 인간관계가 육체적, 정신적 질병을 예방하는 데 큰 도움을 주는 것입니다. 그러므로 좋은 친구를 많이 가진 사람은 정신적으로나 육체적으로 건강하고 행복하게 됩니다.

친구 사이에도 자꾸 신세를 지고 부담을 주면 관계가 멀어지게 됩니다. 그러므로 우리는 좋은 친구를 많이 가져야 할 뿐만 아니라 우리 자신도 좋은 친구가 되어야 합니다. 서로 유기적인 관계를 잘 형성하여 서로에게 힘이 되어 주어야 합니다. 삶이 험난하고 어려워도 친구들이 앞에서 끌어 주고 뒤에서 밀어 주면 삶의 활력과 에너지가 생겨납니다. 그러므로 우리는 좋은 친구에 대해 항상 감사하게 생각해야 됩니다.

1. 하나님께서는 우리의 친구가 되십니다

예수님께서는 "사람이 친구를 위하여 자기 목숨을 버리면 이보다 더 큰 사랑이 없나니 너희는 내가 명하는 대로 행하면 곧 나의 친구라 이제부터는 너희를 종이라 하지 아니하리니 종은 주인이 하는 것을 알지 못함이라 너희를 친구라 하였노니 내가 내 아버지께 들은 것을 다 너희에게 알게 하였음이라"(요 15:13-15)고 말씀하셨습니다. 예수님께서 우리를 친구로 삼아 주신 것입니다. 그러므로 주님과 우리의 관계는 하나님과 사람의 관계만이 아니라 친구 관계가 되었습니다. 예수님께서는 '세리와 죄인의 친구'라고 칭함을 받으셨습니다(마 11:19). 또한 예수님께서는 제자들을 '내 친구'라고 부르셨으며(눅 12:4), 나사로를 가리켜 '우리 친구'라고 하셨습니다(요 11:11). 믿음의 조상 아브라함은 '하나님의 벗'이라고 불렸습니다. 이에 대해 성경은 "아브라함이 하나님을 믿으니 이것을 의로 여기셨다는 말씀이 이루어졌고 그는 하나님의 벗이라 칭함을 받았나니"(약 2:23)라고 말씀하고 있습니다. 그러므로 오늘날도 우리가 예수님을 믿으면 하나님의 자녀가 될 뿐 아니라 하나님과 친구가 되는 것입니다.

하나님께서는 십자가를 통하여 친구 된 우리에게 오중복음을 주셨습니다. 첫째는 중생의 복음으로, 죄 용서와 의롭다 함을 값없이 주셨습니다. 둘째는 성령 충만의 복음으로, 성결과 성령 충만의 은총을 주셨습니다. 셋째는 신유의 복음으로, 주님께서 친히 우리의 연약함과 병을 짊어지고 우리에게 치료를 주셨습니다. 넷째는 축복의 복음으로, 저주를 제하시고 아브라함의 축복을 우리에게 주셨습니다. 다섯째는 재림의 복음으로, 우리에게 부활과 영생, 천국을 주셨습니다.

또한 하나님께서는 친구 된 우리에게 삼중축복을 주셨습니다. 삼중축복이란 우리가 예수 믿을 때 우리의 영혼이 잘됨같이 범사에 잘되며 강건하게 되는 복을 말합니다. 주님 앞에 우리 영혼이 잘되면 주님께서 우리의 기도를 통해 범사가 잘되게 하시고 건강을 주십니다. 오늘날 우리 예수 믿는 사람들은 예수님을 구주로 모시는 순간 십자가의 공로를 통하여 오중복음과 삼중축복을 받았습니다. 그러므로 "영혼이 잘되고 범사에 잘되며 강건하게 해 주시는 주님, 제게 이 삼중축복을 허락하여 주시옵소서!"라고 기도하면, 이미 약속된 축복이기 때문에 하나님께서 우리에게 주십니다.

에베소서 3장 17절부터 19절을 보면, "믿음으로 말미암아 그리스도께서 너희 마음에 계시게 하시옵고 너희가 사랑 가운데서 뿌리가 박히고 터가 굳어져서 능히 모든 성도와 함께 지식에 넘치는 그리스도의 사랑을 알고 그 너비와 길이와 높이와 깊이가 어떠함을 깨달아 하나님의 모든 충만하신 것으로 너희에게 충만하게 하시기를 구하노라"고 말씀하고 있습니다.

하나님께서는 우리 한 사람 한 사람을 품에 안고 좋아서 어쩔 줄 모르십니다. 모든 좋은 것을 주기 원하시고 모든 도움을 베풀기 원하십니다. 하나님께서는 우리를 지극히 사랑하십니다. 그렇기 때문에 그리스도를 통하여 베풀어 주신 그 은혜를 언제든지 우리에게 주기 원하십니다. 오중복음과 삼중축복이 우리의 삶 속에 이루어지기를 원하시는 것입니다.

하나님께서는 보혜사 성령으로 우리에게 와 계십니다. 구약 4천 년 동안에는 성부 하나님께서 역사하셨고, 신약 33년 동안에는 성자 예수님께서 역사하셨습니다. 그리고 예수님께서 부활, 승천하신 후에는 성령 하나님께서 역사하고 계십니다. 예수님께서 승천하시기 전에 "볼지어다 내가 세상 끝 날까지 너희와 항상 함께 있으리라"(마 28:20)고 하신 약속의 말씀은 성령 하나님께서 우리와 항상 같이 계실 것이라는 뜻입니다.

보혜사 성령님께서는 우리에게 오셔서 신령한 세계를 깨닫게 하시고 체험하게 하시며 우리의 연약함을 도우시는 친구가 되십니다. 성령님께서는 영적인 세계를 알지 못하는 우리의 영안을 열어 주셔서 천국을 알게 하시고, 삼위일체 하나님, 즉 성부 하나님과 성자 예수님과 성령 하나님의 역사를 알게 하십니다. 또 우리에게 성령의 뜨거운 체험을 하고 방언을 말하고 예언을 하게 하시며, 우리의 허약한 마음과 육체를 강건하게 하시고, 모든 것에 감사와 찬양을 드리게 하십니다.

뿐만 아니라 성령님께서는 우리의 속사람을 강하게 하십니다. 에베소서 3장 16절을 보면, "그의 영광의 풍성함을 따라 그의 성령으로 말미암아 너희 속사람을 능력으로 강건하게 하시오며"라고 말씀하고 있습니다. 사람은 겉사람과 속사람, 즉 육체와 마음으로 이루어져 있습니다. 성령님께서는 우리의 육체를 성전 삼고 우리의 속사람 안에 거하십니다.

성령님께서는 우리 안에 계시면서 우리의 속사람을 강하게 하실 뿐 아니라 우리의 기도도 도와주십니다. 성경은 "이와 같이 성령도 우리의 연약함을 도우시나니 우리는 마땅히 기도할 바를 알지 못하나 오직 성령이 말할 수 없는 탄식으로 우리를 위하여 친히 간구하시느니라"(롬 8:26)고 말씀합니다. 우리가 기도하는 방법을 모르고 또 무엇을 기도해야 하는지조차 알지 못할 때 "성령님, 저를 도와주셔서 기도하게 해 주시옵소서. 저는 못합니다. 성령님께서 해 주시옵소서." 하고 성령님께 도움을 구하면, 성령님께서 기도할 수 있는 길을 열어 주시고 지혜와 총명을 주십니다.

하나님께서는 우리의 친구가 되실 뿐 아니라 우리를 만드신 분이십니다. 이와 같이 하나님께서는 우리의 친구인 동시에 우리 생명의 원천이 되시고, 하나님의 아들 예수 그리스도께서는 우리를 구원해 주시는 친구가 되시며, 보혜사 성령님께서는 우리를 도와주시는 친구가 되십니다.

사도행전 17장 24절부터 25절을 보면, "우주와 그 가운데 있는 만물을 지으신 하나님께서는 천지의 주재시니 손으로 지은 전에 계시지 아니하시고 또 무엇이 부족한 것처럼 사람의 손으로 섬김을 받으시는 것이 아니니 이는 만민에게 생명과 호흡과 만물을 친히 주시는 이심이라"고 기록되어 있습니다. 우리가 지금 살아서 숨 쉬고 천지를 이해하며 사는 것은 하나님께서 우리의 친구가 되셔서 모든 것을 주셨기 때문입니다.

하나님은 부요하신 분입니다. 하나님께서는 우리에게 무언가를 주실 때 모자라게 주시지 않습니다. 하나님께서는 우리의 온갖 구하는 것이나 생각하는 것에 더 넘치도록 주십니다. 그 좋은 예가 모나미 회사의 153 볼펜입니다.

요즈음은 예쁘고 품질 좋은 필기도구가 많이 있지만, 예전에는 '볼펜' 하면 '모나미' 할 정도로 모나미 볼펜은 모든 사람들이 즐겨 쓰던 필기구였습니다. '모나미'라는 말은 프랑스어로 '나의 친구'라는 뜻입니다. 이 모나미 볼펜은 1963년 5월 1일에 생산되기 시작한 이후 지금까지도 변함없이 사랑받고 있습니다. 이 볼펜을 자세히 보면 153이라는 숫자가 새겨져 있는데, 이 숫자는 깊은 곳에 그물을 내리라는 예수님의 말씀에 순종하여 베드로가 잡아 올린 물고기의 숫자가 153이라는 것에 착안하여 볼펜에 새겨 넣은 것입니다. 그런데 '모나미 153'이라고 새겨 넣은 이후 얼마나 큰 호응을 받고 대량으로 판매되었던지 회사 이름까지 아예 '모나미'로 바꾸었습니다.

우리 역시 마찬가지입니다. 우리가 주님을 의지하고 주님을 친구 삼아 인생을 살면 오중복음과 삼중축복의 차고 넘치는 복을 받게 됩니다. 예수님께서 십자가에서 몸 찢기고 피 흘려 이루어 놓으신 오중복음과 삼중축복은 바로 우리를 위한 것입니다. 이 은혜를 성령님께서 체험하도록 해 주십니다.

2. 하나님의 친구가 되면 놀라운 변화를 받게 됩니다

하나님께서 우리의 친구가 되시면 우리에게 다음과 같은 네 가지 유익이 있습니다.

첫째, 믿음과 자신감을 갖게 됩니다. 믿음이 있고 능력이 있고 모든 일을 잘하는 사람과 친구가 되면 삶에 여러모로 큰 도움이 됩니다. 이런 사람이 남편이나 아내라면 더할 나위 없이 좋을 것입니다. 그러니 하늘과 땅의 모든 권세를 가진 예수님께서 우리의 친구라면 얼마나 마음이 강하고 담대해지겠습니까? 어떤 일이든지 주님께 의지하고 도움을 청할 수 있으니 두려울 것이 없습니다. 성경은 이와 같이 말씀합니다. "내가 결코 너희를 버리지 아니하고 너희를 떠나지 아니하리라 하셨느니라 그러므로 우리가 담대히 말하되 주는 나를 돕는 이시니 내가 무서워하지 아니하겠노라 사람이 내게 어찌하리요"(히 13:5-6). 예수님께서는 우리가 좋을 때나 편안할 때만이 아니라 힘들 때나 고통스러울 때에도 항상 우리와 함께 계십니다. 주님께서 함께 계시면 오중복음과 삼중축복이 따라옵니다. 그러므로 우리가 어디를 가든지 그곳을 개척하고 새롭게 건설하며 사람 살 만한 세계를 만들 수 있는 능력을 갖게 됩니다.

둘째, 희망과 꿈을 갖게 됩니다. 성경은 "너희 안에서 행하시는 이는 하나님이시니 자기의 기쁘신 뜻을 위하여 너희에게 소원을 두고 행하게 하시나니"(빌 2:13)라고 말씀하고 있습니다. 하나님께서 우리 마음속에 주시는 소원, 그것이 바로 우리의 꿈입니다. 우리가 그 꿈을 가슴에 품고 그것이 이루어진 모습을 바라보며 기도하면 하나님께서 이루어 주십니다.

셋째, 우리 마음에 소망을 얻게 됩니다. 로마서 15장 13절에 "소망의 하나님이 모든 기쁨과 평강을 믿음 안에서 너희에게 충만하게 하사 성령의 능력으로 소망이 넘치게 하시기를 원하노라"고 기록되어 있습니다. 하나님께서는 믿음 안에서 우리에게 기쁨과 평강을 주시고 소망이 넘치게 하십니다. 그러므로 내일은 오늘보다, 다음 달은 금번 달보다, 명년은 금년보다 더 좋아질 것이라는 소망이 우리 마음속에 충만하게 되는 것입니다.

넷째, 우리의 삶이 하나님을 닮아 가게 됩니다. 친구는 서로 닮게 되어 있습니다. 행실이 나쁜 친구와 사귀면 그 친구에게 물들어 행실이 불량해집니다. 반대로, 좋은 친구를 사귀면 그 친구를 닮아 좋은 일을 하게 됩니다. 그렇다면 하나님과 교제하는 우리는 어떻겠습니까? 성경은 "너희가 전에는 어둠이더니 이제는 주 안에서 빛이라 빛의 자녀들처럼 행하라 빛의 열매는 모든 착함과 의로움과 진실함에 있느니라"(엡 5:8-9)고 말씀합니다. 우리가 주님과 교제하며 살면 빛의 자녀가 되어 모든 착함과 의로움과 진실함의 열매를 맺으며 살게 되는 것입니다.

3. 좋은 이웃은 좋은 친구가 되는 것입니다

하나님께서 우리를 친구로 삼아 주시면 우리는 좋은 이웃이 됩니다. 하나님께서는 우리를 치료하시고 살리시며 우리에게 사랑과 행복을 나누어 주십니다. 그러므로 우리가 다른 사람들에게 사랑과 행복을 나누어 주는 것은 곧 하나님을 닮아 가는 증거가 됩니다.

성경은 "선을 행하고 선한 사업을 많이 하고 나누어 주기를 좋아하며 너그러운 자가 되게 하라 이것이 장래에 자기를 위하여 좋은 터를 쌓아 참된 생명을 취하는 것이니라"(딤전 6:18-19)고 말씀합니다. 우리가 이 땅에서 선을 행하고 착한 일을 하면 그것이 하늘에 쌓이는 것입니다.

또한 요한일서 3장 17절부터 18절에는 "누가 이 세상의 재물을 가지고 형제의 궁핍함을 보고도 도와줄 마음을 닫으면 하나님의 사랑이 어찌 그 속에 거하겠느냐 자녀들아 우리가 말과 혀로만 사랑하지 말고 행함과 진실함으로 하자"라고 기록되어 있습니다. 행함이 없는 믿음은 죽은 믿음이요, 행함이 없는 사랑은 죽은 사랑입니다. 그러므로 우리는 말과 혀로만 사랑하지 말고 행함과 진실함으로 사랑해야 합니다.

우리가 나누어 주기를 좋아하면 많은 사람에게 친구가 될 수 있습니다. 성경은 "너그러운 사람에게는 은혜를 구하는 자가 많고 선물 주기를 좋아하는 자에게는 사람마다 친구가 되느니라"(잠 19:6)고 말씀합니다. 또 잠언 17장 17절에는 "친구는 사랑이 끊어지지 아니하고 형제는 위급한 때를 위하여 났느니라"고 기록되어 있습니다. 친구 관계가 사랑의 관계라는 것입니다. 이것이 우리가 그리스도 안에서 친구가 된 효과와 가치입니다. 교회에 왔다 갔다 하면서 의식과 형식만 취하고 행함이 없으면 아무 소용이 없습니다.

　예수 그리스도를 통해 우리는 하나님의 친구가 되었습니다. 하나님 아버지가 나의 친구요, 예수님이 나의 친구요, 성령님이 나의 친구입니다. 하나님께서 우리의 친구가 되시면 우리는 말과 혀뿐만의 신앙이 아닌, 삶 가운데 행함과 진실함의 신앙으로 나아가야 합니다. 주님의 사랑을 증거해야 됩니다.

　하나님 아버지께서는 세상을 사랑하셔서 독생자까지 주셨습니다. 성자 예수님께서는 우리를 사랑하사 몸 찢기고 피 흘려서 우리의 죄악을 모두 청산하시고 우리에게 죄 용서의 복음, 성령 충만의 복음, 신유의 복음, 축복의 복음, 부활과 영생, 천국의 복음을 주셨으며, 영혼이 잘됨같이 범사에 잘되며 강건하게 되는 삼중축복을 주셨습니다. 보혜사 성령님께서는 우리와 늘 함께하시며 우리에게 지혜와 총명과 모략과 재능과 지식을 주시고 영감을 주어 신령한 세계를 깨닫게 해 주십니다.

우리에게는 이처럼 멋진 친구가 있습니다. 그러므로 절대로 열등의식이나 좌절감을 가지고 뒤로 물러가지 마십시오. 우리에게 그 무엇과도 바꿀 수 없는 가장 좋은 친구가 있다는 것을 잊지 마시기 바랍니다.

참된 부자

구제와 은혜
드리기 위해서 태어난 사람
이 은혜에도 풍성하게 할지니라
하나님과 사람을 섬기는 삶

주제와 은혜

"이것이 곧 적게 심는 자는 적게 거두고 많이 심는 자는 많이 거둔다 하는 말이로다 각각 그 마음에 정한 대로 할 것이요 인색함으로나 억지로 하지 말지니 하나님은 즐겨 내는 자를 사랑하시느니라 하나님이 능히 모든 은혜를 너희에게 넘치게 하시나니 이는 너희로 모든 일에 항상 모든 것이 넉넉하여 모든 착한 일을 넘치게 하게 하려 하심이라 기록된바 그가 흩어 가난한 자들에게 주었으니 그의 의가 영원토록 있느니라 함과 같으니라 심는 자에게 씨와 먹을 양식을 주시는 이가 너희 심을 것을 주사 풍성하게 하시고 너희 의의 열매를 더하게 하시리니 너희가 모든 일에 넉넉하여 너그럽게 연보를 함은 그들이 우리로 말미암아 하나님께 감사하게 하는 것이라 이 봉사의 직무가 성도들의 부족한 것을 보충할 뿐 아니라 사람들이 하나님께 드리는 많은 감사로 말미암아 넘쳤느니라 이 직무로 증거를 삼아 너희가 그리스도의 복음을 진실히 믿고 복종하는 것과 그들과 모든 사람을 섬기는 너희의 후한 연보로 말미암아 하나님께 영광을 돌리고 또 그들이 너희를 위하여 간구하며 하나님이 너희에게 주신 지극한 은혜로 말미암아 너희를 사모하느니라 말할 수 없는 그의 은사로 말미암아 하나님께 감사하노라"(고후 9:6-15)

인간 사회는 성공한 사람과 실패한 사람, 잘사는 사람과 못사는 사람이 섞여서 살아갑니다. 개인을 넘어 범사회적으로 구제 사업이 잘되는 사회는 평안하고 질서가 있고 축복받은 사회가 됩니다. 그러나 부자는 점점 더 부자가 되고 가난한 사람은 갈수록 더욱 가난하게 되어 빈부의 격차가 심한 사회, 나눔이 없는 사회는 불안하고 혼돈하게 되며 고통과 하나님의 심판이 다가오게 됩니다.

하나님께서는 우리 예수 믿는 사람들이 모든 일에 항상 모든 것이 넉넉하여 구제와 착한 일을 넘치게 하기를 원하십니다(고후 9:8). 그렇기 때문에 하나님께서는 믿고 순종하는 자들에게 풍성한 복을 주시고, 그 받은 것으로 가난하고 헐벗고 굶주리고 병든 사람들을 구제하도록 명령하셨습니다. 이와 같이 하나님께서 우리에게 은혜를 주시는 이유는 우리뿐만 아니라 우리의 이웃들도 더불어 잘 살도록 구제하기 위한 것입니다. 그러므로 우리는 구제하기 위해서 하나님께 풍성한 축복의 은혜를 부어 달라고 담대하게 구할 수 있습니다.

예수 믿는 사람들이 다른 사람들을 구제하고 도와주고 붙잡아 주는 데 무관심하고 오히려 자신이 구제를 받고 도움을 받고 붙잡아 달라고 손을 내미는 것은 대단히 잘못된 것입니다. 우리 예수 믿는 사람들은 하늘과 땅과 그 가운데 모든 것을 지으신 하나님을 아버지로 모신 사람들입니다. 그러므로 우리는 우주와 만물의 주인이신 하나님을 우리 삶의 자원으로 삼고 하나님의 축복을 넘치게 받아서 가난하고 헐벗고 굶주리고 병든 사람들을 도와주는 축복의 근원이 되어야 합니다.

그러면 어떻게 우리가 하나님의 축복의 근원이 될 수 있을까요?

1. 믿음의 씨앗을 심어야 합니다

마태복음 13장을 보면 '씨 뿌리는 자의 비유'가 기록되어 있습니다. 이 비유에서 예수님께서는 "씨를 뿌리는 자가 뿌리러 나가서 뿌릴새 더러는 길가에 떨어지매 새들이 와서 먹어 버렸고 더러는 흙이 얕은 돌밭에 떨어지매 흙이 깊지 아니하므로 곧 싹이 나오나 해가 돋은 후에 뿌리가 없으므로 말랐고 더러는 가시떨기 위에 떨어지매 가시가 자라서 기운을 막았고 더러는 좋은 땅에 떨어지매 어떤 것은 백 배, 어떤 것은 육십 배, 어떤 것은 삼십 배의 결실을 하였느니라"(마 13:3-8)고 말씀하셨습니다.

여러분, 농부가 씨를 뿌리는 것을 보십시오. 농부는 먼저 밭을 잘 갈아서 그 옥토에 씨를 뿌리지, 아무 산이나 들에 씨를 뿌리지 않습니다. 믿음의 씨앗을 뿌릴 때도 이와 같습니다. 우리 마음의 바탕을 정비하고 뿌려야 믿음의 씨앗이 열매를 맺게 되는 것입니다. 성경에는 인색한 마음을 가지고 씨를 뿌린다든지 억지로 하는 마음으로 씨를 뿌린다면 하나님께서 믿음의 기적을 일으켜 주시지 않는다고 말씀합니다(고후 9:7). 우리가 하나님의 사업을 위해서 연보를 드릴 때나 가난한 사람을 도와주고 난 다음에 늘 그것이 아깝고 마음이 괴롭다면, 이것은 인색한 마음에 씨를 뿌린 것으로 그 씨는 무효가 되고 맙니다. 또한 누군가의 강요나 피할 수 없는 상황에 몰려서 억지로 뿌린 씨 역시 열매를 맺지 못합니다. 인색한 마음과 억지로 하는 마음은 나쁜 밭입니다. 이러한 마음을 가지고는 씨를 뿌려도 헛것이 되고 맙니다. 좋은 마음의 밭, 즉 기꺼이 자원하는 마음으로 씨를 뿌려야 많은 열매를 맺게 되는 것입니다. 그러므로 우리는 하나님 앞에 믿음의 씨앗을 심을 때 즐거운 마음으로, 스스로 우러나는 자원하는 마음으로 심어야만 되는 것입니다.

많은 사람들이 "왜 나는 믿음의 씨앗을 심었는데 하나님께서 내 기도에 응답하지 아니하시고 축복을 주시지 않습니까?"라고 질문을 합니다. 왜 그렇습니까? 그것은 나쁜 밭에 심었기 때문입니다. 믿음의 씨앗을 인색한 마음으로 심고 억지로 심어 놓은 다음에 원망, 불평을 가지고서 기다리면 잡초만 무성해지고 열매를 맺지 않습니다. 그렇기 때문에 믿음의 씨앗을 심을 때 '내 마음에 자원하는 마음이 있어서 즐겁게 하나님께 심는가?'를 살펴보아야만 되는 것입니다.

적게 심으면서도 인색한 마음이 생기고 억지로 하는 마음이 생긴다면 그는 믿음의 그릇이 작은 사람입니다. 그러나 많이 심고도 마음이 즐거움으로 넘치고 자원하여 더 심고 싶은 마음이 생긴다면 이는 믿음의 그릇이 큰 사람입니다. 하나님께서는 우리의 믿음의 분량대로 축복해 주십니다. 그렇기 때문에 성경에 "적게 심는 자는 적게 거두고 많이 심는 자는 많이 거둔다"(고후 9:6)라고 말씀하신 것입니다.

예수님께서는 좋은 땅에 믿음의 씨앗을 심으면 삼십 배, 육십 배, 백 배를 거둔다고 말씀하셨습니다(막 4:20). 이러므로 예수 믿는 사람들이 헐벗고 굶주리고 가난하고 남에게 신세를 진다는 것은 성경에 비추어 볼 때 있을 수 없는 일입니다. 성경에는 "주는 것이 받는 것보다 복이 있다"(행 20:35)라고 말씀합니다. 예수 믿는 사람은 남에게 꿔어주며 살아야지 남에게 꾸는 삶을 살아서는 안 되는 것입니다. 무궁무진한 축복의 근원이신 하나님께 믿음의 씨앗을 심었는데 왜 낭패와 실망을 당하겠습니까? 문전옥답을 가지고도 먹을 양식이 없는 것은 게을러서 심고 거두지 않기 때문입니다. 심을 곳이 없어서 헐벗고 굶주려야 동정을 하지, 게으른 사람에게는 동정의 여지가 없습니다.

만유를 지으신 하나님께서 우리의 축복의 근원이 되십니다. 그러므로 우리는 하나님께 우리의 믿음의 씨앗을 심어서 삼십 배, 육십 배, 백 배로 수확하여 영혼이 잘됨같이 범사에 잘되며 강건하고 생명을 얻되 넘치게 얻어야겠습니다.

2. 축복은 은혜라는 사실을 알아야 합니다

많은 사람들이 예수 그리스도를 믿으면 가난하게 사는 것이 미덕이고 복을 구하는 것은 하나님의 뜻이 아니라 기복신앙이라고 간주하여, 축복받고 성공하는 것을 죄짓는 것이라고 공격하고 있습니다. 이로 인해 하나님께 복을 받은 사람이 마음에 죄책감을 느끼게 되는 경우가 있습니다. 그러나 이것은 교회에서 하나님의 말씀을 올바로 알지 못하고 하나님에 대해서 잘못 안 결과입니다.

여러분, 축복은 하나님의 은혜이지 저주가 아닙니다. 물론 하나님을 믿지 않는데 얻은 부요와 성공은 저주라고 할 수 있습니다. 이 세상에서 하나님 믿지 않고 크게 성공해서 "나는 하나님이 필요 없다. 하나님을 믿지 말고 차라리 나를 믿어라." 하고 큰소리치는 사람은 가장 불행한 사람입니다. 이 세상의 부귀영화와 공명이 아무리 크다 할지라도, 모든 인생은 풀과 같고 그 영화는 풀의 꽃과 같아 풀은 시들고 꽃은 떨어지고 맙니다. 인생이 칠십이요, 강건하면 팔십인데, 그동안에 이 육신의 장막에 살면서 모든 것을 다 얻어서 누리더라도 이 장막이 무너질 때 우리는 아무것도 가져가지 못

합니다. 성경은 "사람이 만일 온 천하를 얻고도 자기 목숨을 잃으면 무엇이 유익하리요 사람이 무엇을 주고 자기 목숨과 바꾸겠느냐"(막 8:36-37)고 말씀하고 있습니다. 이러므로 하나님 없이 부귀영화와 공명을 누리기 때문에 신앙을 가질 수 있는 기회를 놓쳐 버린다면 그 부귀영화와 공명이 가장 처참한 저주가 되는 것입니다.

그러나 하나님을 알고 믿고 순종하면서 부귀영화와 공명을 얻는 것은 하나님의 은혜가 됩니다. 성경은 "내 영혼아 야훼를 송축하라 내 속에 있는 것들아 다 그의 거룩한 이름을 송축하라 내 영혼아 야훼를 송축하며 그의 모든 은택을 잊지 말지어다 그가 네 모든 죄악을 사하시며 네 모든 병을 고치시며 네 생명을 파멸에서 속량하시고 인자와 긍휼로 관을 씌우시며 좋은 것으로 네 소원을 만족하게 하사 네 청춘을 독수리같이 새롭게 하시는도다"(시 103:1-5)라고 말씀합니다. 여러분, 하늘에서 은택의 비가 임하면 메마른 땅이 다 살아나고 모든 생물들이 살아납니다. 비는 하늘에서 은택으로 임하는 것입니다. 시편 기자는 하나님의 은택을 잊지 말라고 했으며, 하나님께서 우리의 모든 죄악을 용서해 주신다고 노래했습니다. 물론 하나님께서 무조건 용서해 주시는 것은 아니다. 회개하여야 용서해 주시지, 회개하지도 않는데 일방적으로 용서해 주시지는 않습니다.

어떤 자매님으로부터 이런 내용의 편지를 받은 적이 있습니다. 그 자매님은 이웃의 가난한 사람이 돈을 빌려 달라고 해서 자기 돈뿐만 아니라 남의 돈까지 빚을 얻어서 빌려 주었습니다. 그런데 나중에 빚 갚을 때가 되니까 그 이웃은 뻔뻔한 태도를 보이며 빚을 갚지 않았습니다. 오히려 "예수쟁이가 무슨 빚을 자꾸 갚으라고 하냐?"며 공격을 했습니다. 그 일로 인해 그 자매님은 기도를 할 수 없었습니다. 기도할 때마다 자꾸 그 이웃이 미운 생각이 나서 용서하려고 했지만 아무리 용서하려고 해도 용서되지 않았기 때문입니다. 그 자매님은 편지에 "목사님, 이래도 내가 용서해 주어야 합니까?"라고 질문했습니다.

나는 이 편지를 읽고 이렇게 답장했습니다. "용서해 줄 필요 없습니다. 성경에는 회개하는 사람을 용서해 주라고 했지, 회개하지 않는 사람을 용서해 주라는 말씀은 없습니다. 예수님께서는 하루에 일곱 번씩 일흔 번이라도 죄를 짓고 잘못했다고 회개하면 용서해 주라고 말씀하셨습니다. 회개하지 않는데 왜 용서를 합니까? 그러나 미워하지는 마십시오.

미워하면 내 속만 상하니까 자꾸 축복을 해 주십시오."

여러분, 우리는 원수를 위해서도 축복해야 합니다. 왜냐하면 우리가 축복하면 원수라도 회개하고 변화되어 새사람이 될 수 있기 때문입니다. 성경은 "너희 원수를 사랑하며 너희를 미워하는 자를 선대하며 너희를 저주하는 자를 위하여 축복하며 너희를 모욕하는 자를 위하여 기도하라"(눅 6:27-28)고 말씀하고 있으며, 사도 바울도 "너희를 박해하는 자를 축복하라 축복하고 저주하지 말라"(롬 12:14)고 말했습니다.

하나님도 회개하지 않는 사람을 용서해 주시지는 않습니다. 그러나 회개하면 크고 작은 모든 죄를 다 용서하시고 하나님의 자녀로 영접하여 주시는 것입니다.

하나님께서는 우리에게 병 고침의 은택도 주십니다. 성경은 "그가 네 모든 죄악을 사하시며 네 모든 병을 고치시며"(시 103:3)라고 말씀합니다. 하나님께서는 우리의 병을 고쳐 주시겠다고 이미 성경에 약속하신 것입니다. 이 세상에 의학이 아무리 발달해도 고치지 못하는 병이 얼마나 많습니까? 그러나 우리가 죄를 회개하고 주님께 매달리면 주님께서 우리의 모든 병을 고쳐 주시는 것입니다. 이 하나님의 약속이 있는 이상 우리에게는 저 하늘이 무너지고 이 땅이 꺼져도 매달릴 수 있는 근거가 있습니다. 이 약속의 말씀을 붙잡고 하나님께 엎드려서 기도할 때 이 말씀을 통하여 믿음이 생기고 믿음을 통하여 병이 물러가고 하나님의 기적이 나타나게 되는 것입니다.

하나님께서는 좋은 것으로 우리의 소원을 만족하게 해 주시는 은택도 주십니다. 성경은 "너희 중에 누가 아들이 떡을 달라 하는데 돌을 주며 생선을 달라 하는데 뱀을 줄 사람이 있겠느냐 너희가 악한 자라도 좋을 것으로 자식에게 줄 줄 알거든 하물며 하늘에 계신 너희 아버지께서 구하는 자에게 좋은 것으로 주시지 않겠느냐"(마 7:9-11)고 말씀하고 있습니다.

이와 같이 하나님께서는 우리에게 많은 은택을 주셔서 복된 인생을 살게 해 주십니다. 그리고 우리가 그 은택을 잊지 않기를 원하십니다.

그럼 하나님께서는 왜 우리에게 은택을 주실까요? 이에 대하여 성경은 "하나님이 능히 모든 은혜를 너희에게 넘치게 하시나니 이는 너희로 모든 일에 항상 모든 것이 넉넉하여 모든 착한 일을 넘치게 하게 하려 하심이라"(고후 9:8)고 말씀하고 있습니다. 그러므로 넉넉함은 죄가 아닙니다. 모든 일에 항상 모든 것이 넉넉해야 우리가 남을 도와줄 수 있습니다. 너무 오랜 세월 동안 교회는 성공과 축복을 세속적인 것으로 보고 죄악시해 왔습니다. 가난한 것이 도덕적이요, 신령한 것이라고 가르쳐 왔습니다. 그러나 교회가 가난하면 복음 전도에도, 이웃 돕기에도 어려움이 있습니다. 성도들이 축복을 받아야 적극적으로 전도하고 사랑을 실천할 수 있는 것입니다.

　가난하고 헐벗고 굶주리는 것이 죄는 아닙니다. 또 가난해도 낙심하지 않고 씩씩하게 산다면 그것도 좋은 것입니다. 그러나 하나님의 뜻은 예수 믿는 사람들이 모든 일에 항상 모든 것이 넉넉하여 모든 착한 일을 넘치게 하는 것입니다. 자기만족적인 경건은 교만이요, 악입니다. '나는 헐벗고 굶주리고 가난하지만 거룩하게 산다. 과부들이 굶주리고 고아들이 길거리에 쏘다녀도 내가 상관할 것이 없다. 나 혼자만 거룩하게 살아 천국 가면 그만이다.' 이러한 것은 죄악인 것입니다. 우리가 이 세상에 살면서 하나님께 복을 받아서 과부를 돌보아 주고 고아를 도와주고 헐벗고 굶주린 사람들에게 자비를 베푸는 것이 참된 경건이지, 도와주기는커녕 늘 달라고 손이나 내밀고 자기 잘난 체하고 사람들을 비난하고 공격하며 자기 혼자 거룩하겠다고 하는 것은 잘못된 것입니다.

지금 한국 사회는 급속도로 산업화되고 도시화되어 가는 과정에서 진통을 겪고 있습니다. 그것은 부자는 더욱 부유해지고 가난한 자는 지극히 가난해짐에 따라 중산층이 대단히 얇아진 데에서 오는 문제입니다. 이러므로 우리 한국 사회는 부자가 재물을 쌓아 두지만 말고 가난한 이웃들을 위해 기부하는 풍토가 조성되어야 합니다. 기부 문화가 정착되어 다 함께 잘사는 사회가 되어야 합니다. 그렇지 않고 부익부 빈익빈 현상이 계속 심화된다면 이 사회는 파괴되고 말 것입니다.

교회도 그렇습니다. 교회는 예수 그리스도를 말로만 전하는 데서 그치지 말고 가난하고 헐벗고 굶주린 자들을 먹이고 입히고 돌보아 주며 예수 그리스도의 사랑을 전해야 됩니다. 말로만 주의 사랑을 전한들 무슨 소용이 있겠습니까? 당장 절실한 먹을 것과 입을 것을 주지 않으면서 그저 말로만 "배불리 먹어라. 옷을 따뜻하게 입어라." 하는 것은 아무 도움이 안 됩니다. 이와 같이 행함이 없는 믿음은 죽은 믿음입니다. 그렇기 때문에 성도들은 하나님의 풍성한 축복을 받아서 많은 연보를 드리고 많은 헌금을 해서 교회 차원에서 구제 사업을 활발히 전개할 수 있게 할 뿐 아니라, 개인적으로도 주위의 가난하고 소외당하고 버림받고 고통당하는 이웃들을 찾아가 힘을 다하여 도와주어야 하는 것입니다.

3. 축복은 죄가 아니고 미덕이라는 사실을 알아야 합니다

흩어서 가난한 사람에게 나누어 주려면 가진 것이 있어야 합니다. 아무것도 없으면 무엇을 흩어서 가난한 사람에게 줄 수 있겠습니까? 옷이 두 벌 있어야 한 벌 나누어 줄 수 있고, 쌀도 두 되 있어야 한 되 나누어 줄 수 있습니다. 이처럼 내가 하나님께로부터 복을 받고 그것을 가난한 사람과 함께 나눌 때 그 축복은 미덕이 되는 것입니다.

성경은 이와 같이 말씀합니다. "너희가 모든 일에 넉넉하여 너그럽게 연보를 함은 그들이 우리로 말미암아 하나님께 감사하게 하는 것이라 이 봉사의 직무가 성도들의 부족한 것을 보충할 뿐 아니라 사람들이 하나님께 드리는 많은 감사로 말미암아 넘쳤느니라 이 직무로 증거를 삼아 너희가 그리스도의 복음을 진실히 믿고 복종하는 것과 그들과 모든 사람을 섬기는 너희의 후한 연보로 말미암아 하나님께 영광을 돌리고 또 그들이 너희를 위하여 간구하며 하나님이 너희에게 주신 지극한 은혜로 말미암아 너희를 사모하느니라 말할 수 없는 그의 은사로 말미암아 하나님께 감사하노라"(고후 9:11-15). 우리가 하나님께 축복을 받아 많은 연보를 드려서 구제사업을 하면 교회에 유익이 되고 가난한 성도들에게 도움이 되며 그들이 힘과 용기를 얻어 그로 말미암아 하나님께 감사드리고 영광을 돌리게 되는 모범이 된다는 것입니다. 이러므로 우리가 축복을 받아 잘살게 되었을 때 그 복을 우리만 누릴 것이 아니라 연보로 드려서 가난한 성도들을 도와주는 데 사용해야 되는 것입니다.

또한 우리가 축복을 받아야 우리 주위의 도움이 필요한 사람들을 도와줄 수 있습니다. 내가 1986년에 집회를 하기 위해 청주에 갔을 때 있었던 일입니다. 그곳에서 교회를 개척한 한 강도사의 아이가 심장병으로 숨을 잘 쉬지 못하고 쪼그리고 앉아 있었습니다. 그런데 그 강도사 부부는 아이의 수술비가 없어서 주야로 "하나님이여! 우리 아이를 고쳐 주옵소서."라고 기도만 한다는 것이었습니다. 나는 그 말을 듣고 당장 아이를 병원에 입원시켜서 심장병 수술을 받게 하였습니다. 이 일로 청주의 모든 교역자들과 성도들이 함께 기뻐했습니다.

여러분, 이것은 우리가 복을 받았기에 할 수 있지 아무것도 없으면 할 수 없는 일입니다. 성도들이 축복을 받고 연보하여야 교회 차원에서 구제 사업을 벌여 가난한 사람들에게 나누어 주고, 미자립 교회들을 도와주고, 해외 선교 사업을 활발하게 펼쳐 많은 성도들의 신앙을 북돋아 주고, 믿지 않는 사람들을 구제할 수 있습니다. 성도들이 하나님께로부터 축복을 받고 드리는 헌금을 가지고 교회는 있는 힘을 다하여 사회의 저변에서 가난하고 헐벗고 굶주리고 고통당하는 사람들을 도와주는 일을 열심히 할 수 있는 것입니다. 도움이 절실히 필요한 사람들에게 말로만 예수님을 전하지 말고 그리스도의 사랑으로 교회가 앞장서서 그들에게 실제적인 도움을 주고 사랑을 베풀고 예수 그리스도를 전도할 때, 이것이 참전도가 되며 하나님 앞에서 교회의 소명을 다하게 되는 것입니다.

마태복음 25장 31절부터 46절을 보면 마지막 심판 때의 일이 기록되어 있습니다. 이때 주님께서는 "내가 주릴 때에 너희가 먹을 것을 주었고 목마를 때에 마시게 하였고 나그네 되었을 때에 영접하였고 헐벗었을 때에 옷을 입혔고 병들었을 때에 돌보았고 옥에 갇혔을 때에 와서 보았느니라"(마 25:35-36)고 말씀하십니다. 이 말씀에 의인들이 "우리가 언제 그렇게 했습니까?"라고 질문하자, 주님께서는 "너희가 여기 내 형제 중에 지극히 작은 자 하나에게 한 것이 곧 내게 한 것이니라"(마 25:40)고 말씀하십니다.

이 말씀을 통해서 알 수 있듯이, 하나님께서는 교회가 좋은 건물을 짓고 내부를 화려하게 장식하고 장엄하게 예배를 드리는 것을 기뻐하시는 것이 아닙니다. 교회에 성도들이 모여서 예배드릴 수 있는 처소가 있으면 그다음에는 하나님의 축복과 도우심을 받아서 복음을 전하고 가난하고 헐벗은 사람들을 도와주어야 합니다. 그리할 때 하나님께서 기뻐하시며 더욱 큰 축복을 부어 주시는 것입니다.

고난은 우리를 깨뜨리고 순종하게 하며 우리의 신앙을 자라게 합니다. 고난을 통해 우리의 신앙이 자랄 때 하나님께서는 하늘 문을 열고 축복해 주시며, 우리가 그 축복을 받아 누리며 나아가 남에게 나누어 주고 꾸어주고 도와주는 일을 하기를 간절히 바라고 계십니다. 우리가 축복을 받는 것은 우리로 하여금 풍성한 구제를 하게 하려는 하나님의 뜻입니다. 그러므로 우리가 "하나님이여! 제가 풍성하게 연보를 드리고 구제를 하기 원하오니, 주께서 축복하여 주시옵소서."라고 기도할 때 하나님께서 하늘 문을 여시고 축복해 주시는 것입니다.

여러분, 우리는 헐벗고 굶주리고 가난해서 가정에 짐이 되고 이웃에 짐이 되고 나라에 짐이 되는 수치스런 삶을 살아서는 안 됩니다. 우리는 천지 만물을 지으신 부유하신 하나님을 아버지로 모시고 있습니다. 이 아버지 하나님 앞에 우리가 긍정적인 믿음을 가지고 나아가서 복을 넘치게 받아 남에게 뀌어주고 나누어 주고 도와주며 살아야 합니다. 그것이 바로 하나님께서 원하시는 것입니다.

여러분 모두 축복은 은혜이며 미덕이라는 사실을 분명히 알고 믿음의 씨앗을 심으며 생활하여 쌓을 곳이 없도록 부어 주시는 하나님의 축복을 받아 누리고 구제에 힘쓰게 살게 되시기를 주님의 이름으로 축원합니다.

드리기 위해서 태어난 사람

"사랑하는 자들아 우리가 서로 사랑하자 사랑은 하나님께 속한 것이니 사랑하는 자마다 하나님으로부터 나서 하나님을 알고 사랑하지 아니하는 자는 하나님을 알지 못하나니 이는 하나님은 사랑이심이라 하나님의 사랑이 우리에게 이렇게 나타난 바 되었으니 하나님이 자기의 독생자를 세상에 보내심은 그로 말미암아 우리를 살리려 하심이라 사랑은 여기 있으니 우리가 하나님을 사랑한 것이 아니요 하나님이 우리를 사랑하사 우리 죄를 속하기 위하여 화목 제물로 그 아들을 보내셨음이라 사랑하는 자들아 하나님이 이같이 우리를 사랑하셨은즉 우리도 서로 사랑하는 것이 마땅하도다 어느 때나 하나님을 본 사람이 없으되 만일 우리가 서로 사랑하면 하나님이 우리 안에 거하시고 그의 사랑이 우리 안에 온전히 이루어지느니라"(요일 4:7-12)

미국의 사회 개혁가인 제인 애덤스(Jane Addams)는 1860년에 시카고에서 부잣집 딸로 태어나 의사가 되려는 꿈을 품고 의과대학에 진학했습니다. 그런데 그 당시의 의술로는 고치기 힘든 척추 병에 걸리고 말았습니다. 의사의 권고로 그녀는 휴양을 하기 위하여 유럽을 여행하다가 런던의 빈민촌을 지나가게 되었는데, 그곳에서 가난한 아이들을 위하여 봉사하는 사람들을 보고 큰 충격을 받았습니다. 그녀는 너무나 부유하게 살았기 때문에 세상에는 가난하고 헐벗고 굶주린 아이들이 사는 빈민촌이 있다는 것을 전혀 모르고 있다가 처음 알게 된 것입니다. 그 순간 그녀는 자신의 사명을 깨닫고 '아버지의 재산을 다 정리하여 빈민들을 위해서 살아야겠다!'라고 결심하였습니다. 그 후 그녀는 시카고의 빈민촌에서 낡은 집을 사서 탁아소로 개조하고, 가출 소녀들을 위한 숙소를 만들고, 빈민촌 아이들에게 글을 가르쳤습니다. 이것이 그 유명한 빈민 구호소 '헐 하우스'(Hull House)입니다. 또

한 그녀는 당시 미국 내에 200만 명에 달하는 아동 노동자 문제를 해결하기 위해 백악관 아동 회의를 창설하기도 했습니다. 그 결과, 1931년 그녀는 미국 여성으로서는 최초로 노벨 평화상을 받았습니다. 그녀는 1935년 75세의 나이로 세상을 떠나기까지 척추 병으로 고생을 했지만, "내가 사는 것은 하나님의 일을 맡았기 때문이다."라고 말하며 평생을 하나님 앞에 자신의 몸과 시간과 재산을 드려 가난하고 헐벗고 굶주린 사람들을 위하여 봉사했습니다.

우리는 모두 사랑받고 행복하기를 원합니다. 그러나 어떻게 해야 사랑을 받으며 행복하게 되는지를 모릅니다. 그래서 많은 사람들이 사랑을 받으려고만 하고 혼자만 행복해지려는 잘못된 생각을 합니다. 그러나 예수님께서는 우리에게 "서로 사랑하라!"고 말씀하셨습니다. 사랑은 받을 때보다 줄 때 더 큰 기쁨과 행복을 줍니다. 사랑으로 나누고 도와주는 것이 가치 있는 인생이요, 행복한 인생입니다. 이 땅에서 예수님을 섬기는 삶이란 주린 자를 먹이고 목마른 자를 마시게 하며 헐벗은 자를 입히고 병든 자를 돌보는 그리스도의 사랑을 실천하는 것입니다. 그러므로 우리가 진정으로 예수님을 섬기고 사랑과 행복이 가득한 인생을 살기 위해서는 그리스도의 사랑으로 우리에게 있는 것을 어려움 가운데 있는 이웃들과 나누며 살아야 합니다.

1. 주시는 하나님

우리가 믿는 하나님은 항상 우리에게 주시고 또 주시는 분이십니다. 하나님께서는 천지를 창조하시고 만물을 지으셨으며 사람을 지으시고 복을 주셨습니다. 성경은 "하나님이 자기 형상 곧 하나님의 형상대로 사람을 창조하시되 남자와 여자를 창조하시고 하나님이 그들에게 복을 주시며 하나님이 그들에게 이르시되 생육하고 번성하여 땅에 충만하라, 땅을 정복하라, 바다의 물고기와 하늘의 새와 땅에 움직이는 모든 생물을 다스리라 하시니라"(창 1:27-28)고 말씀합니다.

하나님께서는 아담에게 돕는 배필인 하와를 주셔서 둘이 더불어 살도록 하셨습니다. 또한 형언할 수 없이 아름다운 에덴동산에서 살게 해 주셨으며, 만물을 다스리는 권세도 주셨습니다. 이에 대하여 성경은 "야훼 하나님이 그 사람을 이

끌어 에덴동산에 두어 그것을 경작하며 지키게 하시고"(창 2:15)라고 말씀하고 있습니다. 하나님께서는 아담과 하와에게 아무것도 부족함이 없는 낙원에서 모든 것을 누리며 왕 노릇 하게 해 주신 것입니다.

그러나 아담과 하와는 은혜를 저버리고 하나님께 반역하여 에덴동산에서 쫓겨났습니다. 그럼에도 불구하고 하나님께서는 그들을 긍휼히 여기시고 구원하시기 위하여 2천 년 전에 독생자를 이 땅에 보내 주셨습니다. 그리고 독생자 예수님께서는 우리를 위하여 십자가에 못 박혀 몸 찢기고 피를 흘리심으로 우리에게 용서와 의를 주시고, 거룩함과 성령 충만을 주시고, 치료와 건강을 주시고, 아브라함의 복과 형통을 주시고, 부활과 영생과 천국을 주셨습니다.

하나님께서는 우리에게 필요한 모든 것을 다 주셨습니다. 우리가 지금 누리고 있는 것 중에 하나님께로부터 받지 아니한 것이 하나도 없습니다. 이처럼 우리 하나님은 달라고 하시는 하나님이 아니라, 항상 주시고 또 주시는 하나님입니다.

2. 달라고만 하는 존재

이 우주에는 주지 않고 달라고만 하는 존재가 있습니다. 그것은 항상 빼앗고 도둑질하고 탐욕으로 군림하는 마귀입니다. 마귀는 원래 하나님께서 만드신 아름다운 천사장 루시퍼였습니다. 루시퍼는 하나님께서 아름답게 만드시고 은혜를 주셨지만 자신의 아름다움에 도취되어 교만해져서 하나님의 자리를 넘보았습니다. 하나님께 영광과 찬양과 존귀를 드려야 하는 존재가 하나님의 영광을 가로채려고 한 것입니다. 성경은 이에 대해 "네가 네 마음에 이르기를 내가 하늘에 올라 하나님의 뭇별 위에 내 자리를 높이리라 내가 북극 집회의 산 위에 앉으리라 가장 높은 구름에 올라가 지극히 높은 이와 같아지리라 하는도다"(사 14:13-14)라고 말씀합니다.

하와는 이 마귀로부터 유혹을 받았습니다. 마귀는 하와에게 "너희가 선악과를 먹으면 너희 눈이 밝아져 하나님과 같이 될 것이다."라고 말했습니다. 그 말에 넘어간 하와는 하나님께서 주신 모든 것에 감사하지 못하고 하나님처럼 되려는 욕심을 갖게 되었습니다. 그리하여 자신도 선악과를 따 먹고 남편 아담에게도 선악과를 주어서 먹게 했습니다. 그들은 하나님께서 먹지 말라고 명하신 선악과를 따 먹음으로써 하나님을 반역하고 타락했습니다. 그리고 이 범죄로 인하여 아담과 하와의 자손으로 태어난 모든 인류는 태어날 때부터 마귀의 종이요, 탐욕의 노예가 되고 말았습니다.

성경은 "삼가 모든 탐심을 물리치라 사람의 생명이 그 소유의 넉넉한 데 있지 아니하니라"(눅 12:15)고 말씀합니다. 사람들은 탐욕의 노예로 태어나 한평생 탐욕에 끌려 다니며 살다가 인생을 마칩니다. 탐욕에 사로잡혀서 자기에게 있는 것에 만족할 줄 모르고 끝없이 더 가지려고 합니다. 탐욕에 사로잡힌 사람은 마치 바닷물을 마시는 사람과 같습니다. 바닷물을 마시면 갈증이 더 심해져서 배가 남산만 하게 되어도 계속 마시다가 죽게 됩니다. 이와 같이 탐욕에 사로잡힌 사람은 끝없이 욕심을 채우려고 애쓰다가 파멸하고 마는 것입니다.

1993년에 스페인에서 있었던 일입니다. 한 남자가 우리나라 돈으로 약 3억 원에 해당하는 복권에 당첨되었다가 다음 날 살인죄로 체포되었습니다. 경찰의 조사 결과, 복권 당첨을 축하하는 가족 파티에서 17세 된 여동생이 당첨금을 좀 나누어 달라고 하자 그 말에 격분하여 칼로 여동생을 찔러 죽인 것으로 밝혀졌습니다. 탐욕으로 꽉 들어찬 마음에는 공짜로 생긴 3억 원도 부족하게 보입니다. 결국 그는 당첨금 3억 원도 써 보지 못하고 살인범이 되어 감옥에 갇히고 말았습니다.

사람은 탐욕의 노예가 되었기 때문에 자기에게 있는 것으로 만족할 줄 모릅니다. 성경은 "눈은 보아도 족함이 없고 귀는 들어도 가득 차지 아니하도다"(전 1:8)라고 말씀합니다. 사람은 부귀영화를 가지면 가질수록 더 갖기를 원합니다. 현실에 만족하지 않습니다. 한번 손에 쥐면 놓으려 하지 않습니다. 다른 사람이야 죽든 말든 나만 잘 먹고 잘 입고 잘살면 된다고 생각합니다.

옛날 중국의 주나라에 어진 신하가 살고 있었습니다. 하루는 수라상을 받아 든 왕이 젓가락을 던지면서 "나라가 잘 살게 되었는데 왜 밥상에 상아 젓가락이 오르지 않고 아직도 나무젓가락이 오르느냐?"고 호통을 쳤습니다. 그 말은 들은 어진 신하는 아예 집밖으로 나오지도 않고 몹시 근심하였습니다. 친구들은 그가 왕의 젓가락 때문에 고민한다는 이야기를 듣고 그를 찾아와서 물었습니다. "자네는 왕의 젓가락 하나 바꾸는 것이 무슨 대수라고 그렇게 고민하는가?" 그러자 그 신하가 이렇게 대답했습니다. "그런 이야기 하지 말게. 상아 젓가락이 대수롭지 않은 것 같아도 그리 단순한 문제가 아닐세. 상아 젓가락을 장만하면 그다음에는 금 그릇을 가져오너라, 산해진미로 밥상을 채워라, 나무 상 대신 금 상을 올려라, 이런 식으로 끝없이 탐욕을 부릴 테니 왕의 욕심을 채우려면 백성들이 많은 세금을 수탈당하고 고생할 것이 아닌가. 그래서 고민한다네."

사람이 한번 탐욕에 빠지기 시작하면 아무리 채워져도 절대로 만족하지 않습니다. 항상 더 갖기 위해서 싸우고, 더 갖지 못한 것을 원망하고 불평합니다. 성경은 "너희 중에 싸움이 어디로부터 다툼이 어디로부터 나느냐 너희 지체 중에서 싸우는 정욕으로부터 나는 것이 아니냐 너희는 욕심을 내어도 얻지 못하여 살인하며 시기하여도 능히 취하지 못하므로 다투고 싸우는도다"(약 4:1-2)라고 말씀합니다. 욕심과 탐욕으로 다툼과 싸움이 야기되는 것입니다.

더 갖기 위한 싸움은 사회적으로는 노사 갈등, 지역 갈등으로 표출됩니다. 우리나라가 가난하던 시절에는 노사 분규가 없었습니다. 누구나 열심히 일했습니다. 그러나 잘살게 되면서부터 노사 갈등이 심해졌습니다. 전보다 훨씬 잘살고 더 많이 소유하게 되자 오히려 더 많이 갖기 위해 분쟁이 심해진 것입니다. 우리나라 노사 분규는 외환 위기 이후인 1998년부터 지속적으로 증가했습니다. 노동부 발표에 따르면 노사 분규 발생 건수는 지난 1997년에는 78건을 기록하였으나 1998년에는 129건으로 급증하였고, 1999년에는 198건, 2000년에는 250건, 2002년에는 320건으로 해마다 증가 추세를 보였습니다. 잘살고 월급이 많아질수록 노사 분규가 더 심해졌습니다. 노사 간에, 사회 계층과 지역 간에 더 갖기 위한 갈등과 다툼이 끊임없이 일어나는 것입니다.

영국 런던대학교의 한 교수가 54개국을 대상으로 어느 나라 국민이 더 행복감을 느끼며 사는지 조사한 적이 있습니다. 그런데 놀라운 결과가 나왔습니다. 행복 지수가 가장 높은 나라가 방글라데시였습니다. 헐벗고 굶주리고 가장 못사는 것으로 꼽히는 나라의 국민이 가장 행복하다고 느낀다는 것입니다. 행복 지수 3위는 나이지리아, 5위는 인도로 가난한 나라들이 상위권을 차지했습니다. 반면 최강국이라고 하는 미국은 46위, 일본은 44위, 독일은 42위를 차지했고, 복지국가로 유명한 스위스가 41위, 프랑스가 37위, 영국이 32위, 우리나라도 23위에 그쳤습니다. 이 연구 조사에 따르면, 일정한 소득 수준이 넘으면 소득이 늘수록 행복감은 오히려 줄

어든다고 합니다. 탐욕의 노예가 된 인간은 가질수록 행복을 잃고 불행한 존재가 되는 것입니다.

저는 오랫동안 목회하면서 심방을 해 왔는데, 가장 가난했던 1960년대로부터 오늘날까지 지나오면서 보니 가난한 성도들이 잘 웃고 부자일수록 잘 웃지 않습니다. 가난한 성도들은 옷이 변변치 않고 음식이 넉넉지 못해도 행복해합니다.

사람의 행복은 소유에 있지 않습니다. 잘 먹고 잘 입고 좋은 집에서 살면서도 만족할 줄 모르고 더 잘살지 못하는 것을 불평하고 원망하는 사람은 참으로 불행한 사람입니다. 그 마음이 탐욕에서 해방되어야 비로소 행복하게 될 수 있습니다.

3. 드리기 위해 태어난 사람

우리는 어떠한 사람입니까? 옛 사람은 죽고 새사람이 되어 탐욕에서 해방된 사람입니다. 성경은 "그런즉 누구든지 그리스도 안에 있으면 새로운 피조물이라 이전 것은 지나갔으니 보라 새것이 되었도다"(고후 5:17)라고 말씀합니다. 우리의 옛 사람, 탐욕의 사람은 그리스도와 함께 십자가에서 죽었습니다.

성경은 "그리스도 예수의 사람들은 육체와 함께 그 정욕과 탐심을 십자가에 못 박았느니라"(갈 5:24)고 말씀하며, 또 "죄에 대하여 죽은 우리가 어찌 그 가운데 더 살리요 무릇 그리스도 예수와 합하여 침례를 받은 우리는 그의 죽으심과 합하여 침례를 받은 줄을 알지 못하느냐"(롬 6:2-3)라고 말씀하고 있습니다. 이와 같이 우리는 예수 그리스도와 함께 죽고 함께 부활하여 새사람, 즉 그리스도의 생명에 참여한 새로운 피조물이 되었습니다. 우리는 더 이상 옛 사람이 아닙니다. 탐욕의 노예가 아닙니다. 그리스도와 함께 인생을 사는 새로운 피조물입니다. 우리는 드리기 위해서 태어난 사람입니다.

영국의 목사이자 사회사업가인 조지 뮬러(George Muller)는 일생을 고아를 위해 헌신하여 많은 사람들로부터 존경을 받았습니다. 그의 말년에 기자가 찾아가서 "어떻게 평생 그 일을 할 수 있었습니까?"라고 묻자, 그는 이와 같이 대답하였습니다. "조지 뮬러가 죽었기 때문입니다. 탐욕에 사로잡힌 옛날의 조지 뮬러는 예수 그리스도와 함께 십자가에서 죽어 장사 지내고 새로운 조지 뮬러로 태어났습니다. 그 후로 저는 세상의 평판이나 선택, 좋은 것과 싫은 것, 원망에 대하여 죽었습니다. 또한 이 세상의 칭찬이나 비난에 대해서도 죽었습니다. 옛 사람 조지 뮬러는 세상에 대하여 완전히 죽었고 그리스도 안에서 새사람이 되었습니다." 그는 자신의 지위, 명예, 권세, 돈, 쾌락에 대한 욕심을 다 비우고 예수님으로 충만했기 때문에 자신을 드려 하나님 안에서 놀라운 일을 이루어 낼 수 있었던 것입니다.

그리스도인의 인생은 자신이 사는 것이 아니라 예수님께서 살아 주시는 것입니다. 아담의 자손들은 자신이 삶의 주인이지만, 예수님 안에서 죽고 부활한 사람은 예수님께서 그 삶의 주인이 되어 그의 인생을 살아 주십니다. 그렇기 때문에 사도 바울은 "내가 그리스도와 함께 십자가에 못 박혔나니 그런즉 이제는 내가 사는 것이 아니요 오직 내 안에 그리스도께서 사시는 것이라 이제 내가 육체 가운데 사는 것은 나를 사랑하사 나를 위하여 자기 자신을 버리신 하나님의 아들을 믿는 믿음 안에서 사는 것이라"(갈 2:20)고 고백했습니다.

예수님께서는 오직 섬기기 위해서 사셨습니다. 예수님께서는 자신의 목숨을 많은 사람의 대속물로 내어 주셨습니다.

하나님께서 우리를 새로운 피조물로 만드신 것도 우리가 섬기고 나누어 주는 사람으로 살기 원하셨기 때문입니다. 그러므로 나의 옛 사람이 죽고 예수님께서 나의 주인이 되어 나의 인생을 살아 주신다면, 나의 삶은 예수님을 따라 섬기고 나누는 삶이 되어야 합니다.

많은 그리스도인들이 하나님께 나와서 기도할 때 "주시옵소서. 주시옵소서." 하며 달라고만 합니다. 이처럼 자꾸 달라고만 하는 것은 탐욕에 젖어 있기 때문입니다. 이제는 우리가 하나님께 드려야 합니다. 하나님께 드리면 하나님께서 우리에게 갚아 주십니다.

4. 성도의 삶의 원리

고린도후서 9장 8절에는 "하나님이 능히 모든 은혜를 너희에게 넘치게 하시나니 이는 너희로 모든 일에 항상 모든 것이 넉넉하여 모든 착한 일을 넘치게 하게 하려 하심이라"고 기록되어 있습니다. 그렇다면 우리가 어떻게 해야 모든 착한 일을 넘치게 하며 살 수 있을까요? 이를 위해서는 다음과 같은 세 가지 삶의 원리를 실천하며 살아야 합니다.

성도의 삶의 첫 번째 원리는 하나님께 먼저 드리는 것입니다. 하나님은 좋으신 하나님이시기 때문에 우리에게 좋은 것을 주기 원하십니다. 그러므로 우리가 필요한 것을 구할 때 좋은 것으로 채워 주십니다. 그러나 탐욕으로 구하는 사람은 하나님께 구하여도 받을 수 없습니다. 탐욕은 마귀의 속성이요, 타락의 속성이기 때문에 하나님께서는 탐욕을 부리는 사람과 함께하시지 않습니다. 탐욕에 사로잡힌 루시퍼가 쫓겨났고, 탐욕으로 선악과를 따 먹은 아담과 하와도 쫓겨났습니다. 탐욕에 빠진 이스라엘 백성도 가나안 땅에서 쫓겨났습니다.

우리는 하나님께 달라고 구하기 전에 먼저 드려야 합니다. 우리는 하나님께 찬양과 영광과 존귀를 드려야 합니다. 성경은 "이십사 장로들이 보좌에 앉으신 이 앞에 엎드려 세세토록 살아 계시는 이에게 경배하고 자기의 관을 보좌 앞에 드리며 이르되 우리 주 하나님이여 영광과 존귀와 권능을 받으시는 것이 합당하오니 주께서 만물을 지으신지라 만물이 주의 뜻대로 있었고 또 지으심을 받았나이다 하더라"(계 4:10-11)고 말씀합니다. 여기서 '이십사 장로들'은 구원받은 성도의 대표자들입니다. 구원받은 성도들은 하늘에 올라가 하나님께 영광과 존귀와 권능을 드리게 되는 것입니다. 그러므로 우리는 이 땅에서도 하나님께 감사와 찬양을 드리며 우리의 시간과 물질을 드려야 합니다. 주일예배, 수요예배, 구역예배에 참석하고, 십일조와 헌금을 드리면서 하나님을 섬겨야 합니다.

무조건 달라고 손만 내밀어서는 안 됩니다. 성경은 "주라 그리하면 너희에게 줄 것이니 곧 후히 되어 누르고 흔들어 넘치도록 하여 너희에게 안겨 주리라"(눅 6:38)고 말씀합니다. 인생의 원리는 먼저 준 후에 받는 것입니다. 받고 난 후에 주는 것이 아닙니다. 우리가 하나님께 시간과 물질을 드리면 하나님께서 기쁘게 받으시고 우리에게 30배, 60배, 100배로 채워 주십니다. 하나님께 헌신하고 봉사할 때 하나님께서 기뻐하시고 우리를 용납해 주시는 것입니다. 그러므로 우리는 먼저 하나님께 예배와 감사와 찬양과 물질을 드리고 헌신과 봉사를 한 후에 하나님께 간구해야 합니다.

성도의 삶의 두 번째 원리는 이웃을 사랑하고 섬기는 것입니다. 성경은 "그러므로 무엇이든지 남에게 대접을 받고자 하는 대로 너희도 남을 대접하라 이것이 율법이요 선지자니라"(마 7:12)고 말씀합니다. 이웃에게 섬김을 받으려고 목에 힘을 주고 으스대면 오히려 비난과 멸시와 천대를 받습니다. 그러나 내가 먼저 겸손한 자세로 이웃의 일에 협조하고 섬기면 이웃 사람들도 나를 존경하고 섬겨 줍니다. 그러므로 우리가 가진 좋은 것으로 이웃과 나누고 섬기면 우리의 삶은 더욱 풍성해질 것입니다.

세계적인 부호로 유명했던 카네기(Andrew Carnegie)는 "재산을 가지고 죽는 것은 인간으로서 부끄러운 일이다."라는 명언을 남겼습니다. 스코틀랜드에서 가난한 농부의 아들로 태어난 그는 경제 불황으로 인해 13세의 어린 나이에 미국으로 이민을 갔습니다. 그의 학력은 초등학교 4학년이 전부였습니다. 그러나 그는 크리스천으로서 나누어 주는 원리를 배우고 실천한 사람이었습니다. 그는 하나님의 축복으로 거부(巨富)가 된 후 그 돈을 사회에 환원하는 데 힘썼습니다. 교육, 문화, 예술, 구제, 평화를 위해 여러 연구소를 설립하고 자선 사업에도 거액을 기부했습니다. 또한 각 지방 교회에 약 7천 대의 파이프 오르간을 기증하였고, 2천8백 곳 이상의 도서관에 자금을 제공했습니다. 그가 생전에 사회에 기부한 돈은 지금의 가치로 따지면 수조 원이 된다고 합니다. 이처럼 그가 늘 나누어 주는 삶을 살았기 때문에 하나님께서는 그에게 끊임없이 복을 부어 주셨고 그의 이름이 사후에도 온 천하에 회자되고 있는 것입니다.

하나님께서 우리에게 많은 물질을 주신 것은 우리가 이웃을 섬기고 나누어 주도록 하기 위함입니다. 성경의 가르침이 이 사실을 증명합니다. "자녀들아 우리가 말과 혀로만 사랑하지 말고 행함과 진실함으로 하자 이로써 우리가 진리에 속한 줄을 알고 또 우리 마음을 주 앞에서 굳세게 하리니"(요일 3:18-19). "선을 행하고 선한 사업을 많이 하고 나누어 주기를 좋아하며 너그러운 자가 되게 하라"(딤전 6:18). "오직 선을 행함과 서로 나누어 주기를 잊지 말라 하나님은 이 같은 제사를 기뻐하시느니라"(히 13:16).

그러므로 우리는 항상 섬기고 나누어 주고 고난당하는 사람들을 도와주며 살아야 합니다. 성경은 "하나님 아버지 앞에서 정결하고 더러움이 없는 경건은 곧 고아와 과부를 그 환난 중에 돌보고 또 자기를 지켜 세속에 물들지 아니하는 그것이니라"(약 1:27)고 말씀합니다.

우리 옛말에 처자를 자랑하면 팔푼이라고 했는데, 욕먹을 각오하고 한마디 하겠습니다. 저는 1965년에 결혼하여 아내와 46년간 함께 살아왔는데, 아내를 볼 때 굉장히 자랑스러운 일이 한 가지 있습니다. 제 아내는 오랜 세월 누구에게도 말하지 않고 고아원을 세워 30여 명의 고아들을 돌보고 있습니다. 또 기도원에 가나안 양로원을 세워 30여 명의 노인들을 극진히 보살피고 있습니다. 아내는 늘 그들을 위해 기도하고, 좋은 것이 생기면 다 고아원과 양로원에 갖다 줍니다. 성도들이 선물한 비타민, 아들이 사다 준 발마사지기 등 자신이 받은 선물도 고스란히 다 갖다 주었습니다. 한평생을 사람들에게 자랑하지 않고 고아들을 내 자식 키우듯이 돌보아 주고 노인들을 친부모 모시듯이 사랑하고 보살펴 드리는 것을 보면서, 아내에게 존경하는 마음이 생깁니다.

우리 그리스도인은 고난당한 사람을 도와야 합니다. 그들을 비평하거나 비난하지 말고, 또 무관심하지도 말고 우리가 가진 것을 나누고 도와야 합니다. 사랑은 실천하는 데 있습니다. 성경은 "사랑은 여기 있으니 우리가 하나님을 사랑한 것이 아니요 하나님이 우리를 사랑하사 우리 죄를 속하기 위하여 화목 제물로 그 아들을 보내셨음이라 사랑하는 자들아 하나님이 이같이 우리를 사랑하셨은즉 우리도 서로 사랑하는 것이 마땅하도다 어느 때나 하나님을 본 사람이 없으되 만일 우리가 서로 사랑하면 하나님이 우리 안에 거하시고 그의 사랑이 우리 안에 온전히 이루어지느니라"(요일 4:10-12)고 말씀합니다.

하나님께서는 사랑이 있는 곳에 계십니다. 하나님은 사랑이시기 때문에 이웃의 허물을 덮어 주고 다독거리고 용기를 주는 곳에 거하십니다. 아무리 철야하고 금식하며 기도하고 "나는 하나님을 사랑합니다. 할렐루야!" 하고 하나님을 찬양한다 할지라도 부부간에 싸우고 이웃과 다투면 그 사람의 신앙은 가짜입니다. 옛 사람이 그리스도와 함께 죽어 장사되고 다시 부활한 사람은 그리스도와 함께 살고 그리스도가 인생의 주인이 되시기 때문에 섬기고 나누며 삽니다. 고난당하는 사람과 함께 십자가를 짊어지고 고난에 동참하는 것이 참된 크리스천의 삶입니다.

세계기독교연감(Almanac of the Christian World)의 1998년 통계에 따르면, 전 세계 그리스도인들이 벌어들이는 돈은 매년 6조 5천억 달러에 달하며, 세계 자원의 3분의 2를 그리스도인들이 소유하고 있습니다. 그리스도인들의 1년 평균 수입은 비(非)그리스도인들의 수입의 3배에 달합니다. 왜 하나님께서 그리스도인들에게 이렇게 많은 부를 주셨습니까? 그것은 가난하고 헐벗고 굶주린 이웃을 섬기게 하기 위함입니다. 우리가 십자가의 정신을 따라서 그리스도의 사랑을 실천할 때 하나님께서 더 큰 복을 주십니다.

우리나라가 단기간에 잘살게 된 데에는 여러 요인이 있겠지만, 그중 하나는 그리스도인들이 하나님을 사랑하고 경외하며 많이 베푼다는 것입니다. 저는 지난 2005년에 서남아시아에 쓰나미로 인한 큰 재난이 발생했다는 소식을 듣고 마음이 아파서 밤새도록 잠을 이루지 못했습니다. 그 이튿날 NGO 굿피플의 책임 장로님에게 의료진과 복구 인원들을 데리고 가서 한시라도 빨리 그들을 돕도록 했습니다. 나중에 알고 보니, 우리 여의도순복음교회의 굿피플이 한국의 구호단체 중 제일 먼저 서남아시아 지역으로 가서 도움을 준 것으로 밝혀졌습니다. 우리 교회는 그동안 북한에도 많은 도움을 주었습니다. 기아로 고통을 받고 있는 북한 주민들을 위한 옥수수 심기와 감자 종자 심기를 했으며, 북한의 결핵 환자들을 위해 수십억 원을 후원했습니다. 이뿐만이 아닙니다. 이라크의 난민들을 위해서도 있는 힘을 다해서 나누었습니다. 현재 여의도순복음교회가 하나님께 축복을 받는 이유는 이처럼 끊임없이 이웃에게 도움을 베풀고 있기 때문입니다. 지금까지 우리 교회는 3천여 명의 어린이들의 심장 수술을 지원했고, 5백 교회의 개척을 위해 힘쓰고 있으며, 초교파적으로 4천여 농어촌 목회자들의 생활비를 보조해 주고 있습니다.

그리스도 안에서 새로운 피조물이 된 사람은 더 이상 옛 사람의 탐욕과 상관이 없습니다. 옛 사람은 죽고 새사람이 되었기 때문에 섬기고 그리스도의 사랑으로 나누는 것이 우리의 본분입니다.

성도의 삶의 세 번째 원리는 자연을 사랑하는 것입니다. 하나님께서는 우리에게 더불어 살아갈 자연을 주셨습니다. 그러므로 나무와 풀, 꽃과 동물, 곤충들까지도 우리와 함께 살 권리가 있습니다. 하나님께서 주신 이 자연이 파괴된다면 우리도 죽고 맙니다.

성경은 "그 바라는 것은 피조물도 썩어짐의 종노릇한 데서 해방되어 하나님의 자녀들의 영광의 자유에 이르는 것이니라 피조물이 다 이제까지 함께 탄식하며 함께 고통을 겪고 있는 것을 우리가 아느니라"(롬 8:21-22)고 말씀합니다. 피조물은 인류의 조상인 아담과 하와가 타락한 이후 지금까지 탄식하며 고통을 당하고 있습니다. 사람들은 땅과 대기를 오염시키고 지나친 개발로 자연을 훼손하고 있습니다. 이렇게 파괴된 자연은 기상 이변과 자연재해로 인류에게 되돌아오고 있습니다.

제가 어릴 때 시골에서 콩을 심은 적이 있는데, 그때 저희 할머님이 "용기야, 콩을 심을 땐 세 알을 심어라." 하고 말씀하셨습니다. 그래서 제가 "할머니, 왜 꼭 세 알을 심어야 됩니까?"라고 여쭈었더니, "애야, 사람만 사는 것이 아니지 않느냐? 한 알은 땅 밑에 있는 벌레들이 먹고, 또 한 알은 짐승들이 먹고, 남은 한 알은 사람이 먹어야지. 함께 나누어 먹어야 한다. 그러니 꼭 콩 세 알을 같이 심어라." 하고 말씀하셨습니다. 이처럼 옛날 사람들은 가르쳐 주지 않아도 자연과 더불어 사는 법을 알았습니다. 자연이 죽으면 우리 인류도 죽습니다.

예수 그리스도의 구원은 사람에게만 국한된 것이 아닙니다. 자연에게도 구원의 영향이 미칩니다. 성경은 "하나님이 세상을 이처럼 사랑하사"(요 3:16)라고 말씀합니다. 단지 사람만을 사랑하신다고 하지 않았습니다. 예수님께서는 사람과 사회와 자연을 다 사랑하셔서 십자가를 짊어지신 것입니다. 그러므로 우리는 나만 예수 믿고 구원받는다는 태도를 버리고 우리의 이웃과 자연도 구원의 은총을 받도록 힘써야 되는 것입니다.

성경은 "주는 것이 받는 것보다 복이 있다"(행 20:35)라고 말씀했습니다. 맞습니다. 주는 삶, 나누는 삶 속에 행복과 기쁨과 만족이 있습니다. 드리는 삶을 살 때 복과 은혜가 넘쳐납니다. 그러므로 우리는 탐욕이 가득한 옛 사람의 삶을 살지 말고 그리스도 안에서 하나님께 드리고 이웃과 나누며 자연을 사랑하는 삶을 살아야겠습니다.

이 은혜에도 풍성하게 할지니라

"형제들아 하나님께서 마게도냐 교회들에게 주신 은혜를 우리가 너희에게 알리노니 환난의 많은 시련 가운데서 그들의 넘치는 기쁨과 극심한 가난이 그들의 풍성한 연보를 넘치도록 하게 하였느니라 내가 증언하노니 그들이 힘대로 할 뿐 아니라 힘에 지나도록 자원하여 이 은혜와 성도 섬기는 일에 참여함에 대하여 우리에게 간절히 구하니 우리가 바라던 것뿐 아니라 그들이 먼저 자신을 주께 드리고 또 하나님의 뜻을 따라 우리에게 주었도다 그러므로 우리가 디도를 권하여 그가 이미 너희 가운데서 시작하였은즉 이 은혜를 그대로 성취하게 하라 하였노라 오직 너희는 믿음과 말과 지식과 모든 간절함과 우리를 사랑하는 이 모든 일에 풍성한 것같이 이 은혜에도 풍성하게 할지니라 내가 명령으로 하는 말이 아니요 오직 다른 이들의 간절함을 가지고 너희의 사랑의 진실함을 증명하고자 함이로라 우리 주 예수 그리스도의 은혜를 너희가 알거니와 부요하신 이로서 너희를 위하여 가난하게 되심은 그의 가난함으로 말미암아 너희를 부요하게 하려 하심이라"(고후 8:1-9)

물질은 인간 생활을 풍성하게 하고, 하고 싶은 일을 할 수 있게 하는 축복의 수단입니다. 누군가를 도와주고 싶은 마음이 간절해도 가진 것이 없으면 도움을 줄 수 없지만, 물질이 있으면 도와줄 수 있습니다.

궁핍과 가난은 축복이 아닙니다. 하나님께서는 원래 이 세상을 지으실 때 궁핍과 가난을 창조하지 않으셨습니다. 하나님께서는 인류를 만드시기 전에 먼저 풍요로운 우주를 지으셨습니다. 보기에 아름답고 먹기에도 좋은 실과가 풍성하고 상함도 해함도 없는 에덴동산을 준비하신 다음에 아담과 하와가 그 모든 것을 누리게 하셨습니다.

가난과 저주는 아담과 하와의 반역으로 하나님의 심판이 임한 결과입니다. 아담과 하와의 반역죄로 말미암아 그 후손인 모든 인간은 죄의 노예가 되고 말았습니다. 그런데 하나님께서 지금으로부터 약 2천 년 전에 우리에게 제2의 기회를 주시기 위해 예수님을 세상에 보내셨습니다. 예수님께서는 우리의 모든 죄를 대신 짊어지시고 십자가에 못 박혀 하나님의 심판을 받으셨습니다. 그 결과 아담과 하와의 타락으로 인해 이 땅에 임한 심판의 결과가 다 청산되었습니다. 예수 그리스도로 말미암아 죄악이 청산되고 하나님과 원수 되었던 담이 무너져 화해가 이루어지고 치료가 찾아왔습니다. 십자가를 통해 가난과 실패, 저주가 모두 청산되고 죽음과 지옥이 철폐되었습니다. 하나님께서 예수 그리스도를 통해 우리에게 영혼이 잘됨같이 범사가 잘되며 강건하고 생명을 얻되 넘치게 얻는 길을 열어 주신 것입니다. 이것이 바로 복음입니다.

예수님께서는 "주의 성령이 내게 임하셨으니 이는 가난한 자에게 복음을 전하게 하시려고 내게 기름을 부으시고 나를 보내사 포로 된 자에게 자유를, 눈먼 자에게 다시 보게 함을 전파하며 눌린 자를 자유롭게 하고 주의 은혜의 해를 전파하게 하려 하심이라"(눅 4:18-19)고 말씀하셨습니다. 또한 성경은 "하나님이 능히 모든 은혜를 너희에게 넘치게 하시나니 이는 너희로 모든 일에 항상 모든 것이 넉넉하여 모든 착한 일을 넘치게 하게 하려 하심이라"(고후 9:8)고 말씀합니다. 그러므로 우리는 영적인 축복은 물론 물질적인 축복도 풍성히 받아서 하나님께서 기뻐하시는 일을 해야 합니다. 이것이 하나님의 뜻입니다. 그렇다면 우리가 어떻게 하나님께로부터 풍성한 물질적인 축복을 받을 수 있습니까?

1. 그릇을 준비해야 합니다

하나님께 물질적인 복을 받으려면 그릇을 준비해야 하는데, 이 그릇은 우리가 하나님께 드림으로써 준비할 수 있습니다.

이 세상에는 물질적인 복을 받는 방법이 두 가지 있습니다. 먼저 탕자적인 방법이 있습니다. 탕자는 아버지에게 "내게 속한 분깃을 주소서! 내게 주소서!"라고 졸랐습니다. 그는 욕심의 노예가 되어 자신의 욕망을 채우려고 강압적으로 달라고 한 것입니다. 그러나 이처럼 자기중심으로, 욕심으로 취한 물질은 방탕의 근원이 되고 파멸의 원인이 됩니다.

물질적인 복을 받는 또 한 가지 방법은 하나님께 먼저 드리는 것입니다. 먼저 하나님께 드림으로 그릇을 준비하면 하나님께서 그 그릇에 넘치도록 채워 주십니다. 마태복음 7장 7

절부터 12절을 보면 이와 같이 말씀합니다. "구하라 그리하면 너희에게 주실 것이요 찾으라 그리하면 찾아낼 것이요 문을 두드리라 그리하면 너희에게 열릴 것이니 구하는 이마다 받을 것이요 찾는 이는 찾아낼 것이요 두드리는 이에게는 열릴 것이니라 너희 중에 누가 아들이 떡을 달라 하는데 돌을 주며 생선을 달라 하는데 뱀을 줄 사람이 있겠느냐 너희가 악한 자라도 좋은 것으로 자식에게 줄 줄 알거든 하물며 하늘에 계신 너희 아버지께서 구하는 자에게 좋은 것으로 주시지 않겠느냐 그러므로 무엇이든지 남에게 대접을 받고자 하는 대로 너희도 남을 대접하라 이것이 율법이요 선지자니라". 우리가 먼저 남을 대접해서 그릇이 준비되면, 우리가 구하고 찾고 문을 두드릴 때 하나님께서 채워 주신다는 것입니다. 이것이 하나님께서 율법을 통해 가르치시고 선지자를 통해 말씀하신 내용입니다.

저는 우리나라의 고사에서 성경적인 가르침과 매우 유사한 이야기를 읽어 본 적이 있습니다. 그 이야기는 이런 내용입니다.

한 가난한 과부가 삯바느질로 자식들을 키우고 있었습니다. 추운 겨울날 아이들이 밖에 놀러 나가지도 못하고 삯바

느질을 하는 어머니 옆에 쪼그리고 앉아 있었습니다. 밖에 눈은 오는데 추워서 나가 놀지도 못하고 방 안에 가만히 앉아 있으려니 배가 고프고 군것질이 하고 싶습니다. 그런데 잘사는 이웃집에서 떡방아 찧는 소리가 들려왔습니다. 그 소리를 듣고 아이들은 어머니에게 떡을 달라고 졸랐습니다. 겨우 입에 풀칠하며 사는 형편도 모르고 아이들이 떼를 쓰자 어머니는 서글퍼서 눈물을 흘렸습니다. 아이들은 어머니의 눈물을 보고 잘못했다고 용서를 빌었습니다.

어머니는 아이들 보기가 안쓰러워서 얼른 부엌으로 나가 얼마 남지 않은 보리쌀을 씻어서 솥에 넣고 주걱으로 꾹꾹 눌러 누룽지를 만들었습니다. 그리고 큰 바구니에 보리 누룽지를 가득 담아서 아이에게 주며 이웃집 아주머니에게 갖다 드리라고 심부름을 보냈습니다. 사실 보리 누룽지는 이웃집에서는 개도 안 먹는 것이었습니다. 그러나 그 보리 누룽지에 담겨 있는 정성이 고마워서 이웃집 아주머니는 부엌에서 방금 쪄 낸 따끈따끈한 시루떡을 바구니에 가득 담아 아이에게 주었습니다. 아이는 의기양양하게 그 시루떡 바구니를 받아 가지고 집에 와서 가족들과 함께 잘 먹었다는 이야기입니다.

남에게 대접을 받고자 하는 대로 남을 먼저 대접하는 것이 바로 그릇을 준비하는 비결입니다. 만일 이 과부 어머니가 빈손으로 이웃집에 가서 "우리 아이들도 떡 좀 먹게 해 주세요."라고 간청했다면 욕을 먹든지 쫓겨났든지 거지 취급을 받았을 것입니다. 그러나 보리 누룽지라도 보내 주니까 그 바구니에 시루떡이 담겨서 오게 된 것입니다.

우리가 하나님께 기도할 때에도 하나님께 드릴 그릇을 준비해야 합니다. 그릇도 준비하지 않고 하나님께 복을 받으려고만 생각해서는 안 됩니다. 빈손 들고 "주시옵소서!"만 연발하면 하나님께서 기뻐하시지 않습니다. 우리가 먼저 하나님께 드리면 그 드리는 마음이 그릇이 되어 하나님께서 차고 넘치게 채워 주시는 것입니다.

2. 복 주실 이유를 제시해야 합니다

우리가 하나님께 복을 받으려면 복 주실 이유를 제시해야 합니다. 그렇다면 하나님께서는 우리가 어떻게 할 때 복을 주실까요?

하나님께서는 우리가 먼저 드릴 때 복을 주십니다. 하나님께서는 주고받는 법칙에 반응하십니다. 성경은 "주라 그리하면 너희에게 줄 것이니 곧 후히 되어 누르고 흔들어 넘치도록 하여 너희에게 안겨 주리라"(눅 6:38)고 말씀합니다. 하나님께서 우리에게 복을 주고 싶어 하시는 마음은 마치 가난한 집으로 시집간 딸이 친정에 왔다가 시집으로 돌아갈 때 친정어머니가 쌀을 바구니에 꾹꾹 눌러 담아 보자기에 싸 주는 심정과 같습니다. 그러나 아무리 하나님께서 복을 주시기 원하셔도 우리가 하나님께 복 주실 이유를 제시해야 복을 주십니다. 하나님의 법은 돌려주는 법입니다. 그렇기 때문에 먼저 드려야 돌려주시지, 드리지 않는데 그냥 주시지 않습니다. 이것이 하늘나라의 법입니다.

열왕기상 17장에 기록된 엘리야와 사렙다 과부의 이야기는 이와 같은 하나님의 법을 잘 보여 줍니다.

이스라엘에 비가 오지 않고 가뭄이 들어 수많은 사람이 굶어죽고 영양실조에 걸려 허덕일 때, 하나님께서 엘리야를 사렙다로 보내셨습니다. 엘리야가 그곳에 가서 보니 한 과부가 먹을 것이 다 떨어져서 한 움큼 남은 밀가루와 조금 있는 기름으로 떡을 구워 마지막으로 먹고 죽을 심산으로 어린 아들과 함께 나뭇가지를 줍고 있었습니다. 엘리야는 그 불쌍한 과부에게 말했습니다.

"먼저 그것으로 나를 위하여 작은 떡 한 개를 만들어 내게로 가져오고 그 후에 너와 네 아들을 위하여 만들라 이스라엘의 하나님 야훼의 말씀이 나 야훼가 비를 지면에 내리는 날까지 그 통의 가루가 떨어지지 아니하고 그 병의 기름이 없어지지 아니하리라 하셨느니라"(왕상 17:13-14).

가뭄에 굶주려 죽어 가는 과부와 그 아들이 마지막으로 떡을 한 조각 만들어 먹고 죽겠다는데 그것을 자기가 먹겠다는 것입니다. 그리고 과부가 마지막 떡을 물 한 그릇과 함께 가지고 오자, 엘리야는 인정사정없이 그들 앞에서 다 먹어 버렸습니다. 얼마나 가혹합니까. 그러나 엘리야의 이 행동은 하나님의 법칙이 적용되게 하기 위한 것이었습니다. 먼저 하나님의 종에게 주자, 하나님께서 돌려주셔서 과부의 집에는 가뭄이 끝날 때까지 밀가루 통에 밀가루가 떨어지지 않고 기름병에 기름이 마르지 않았습니다. 하나님께서 이 과부의 집을 축복하시기 위해서 엘리야를 보내시고, 드리고 받는 법칙을 적용하도록 하신 것입니다.

모든 우주의 법칙은 심고 거두는 법칙입니다. 성경은 "이것이 곧 적게 심는 자는 적게 거두고 많이 심는 자는 많이 거둔다 하는 말이로다"(고후 9:6)라고 말씀합니다. 물질적인 축복도 자연법칙과 같다는 것입니다.

농부들은 이 원리를 누구보다도 잘 압니다. 아무리 곡식을 많이 가지고 있어도 손에 쥐고만 있으면 수확할 것이 없습니다. 곡식을 심어야 수확의 법칙이 작용합니다. 심어야 싹이 나고 줄기가 나고 잎이 피고 꽃이 피고 열매가 맺는 것입니다. 심지 않고는 수확할 수 없습니다.

그러므로 우리는 농부가 밭에 씨앗을 심는 것처럼 하나님께 십일조를 드리고 헌금을 드림으로 믿음의 씨앗을 심어야 합니다. 우리가 하나님의 사업을 위해서 십일조와 헌물을 심으면 그때부터 열매 맺는 역사가 일어나기 시작합니다. 아무것도 심지 않으면 아무리 복을 달라고 부르짖어도 하나님의 법이 작동하지 않기 때문에 역사가 일어날 수 없습니다.

우리가 하나님께 드리는 것은 우리의 사랑을 증명하는 증거가 됩니다. 성경은 "내가 명령으로 하는 말이 아니요 오직 다른 이들의 간절함을 가지고 너희의 사랑의 진실함을 증명하고자 함이로라"(고후 8:8)고 말씀합니다. 사랑은 줌으로써 증명됩니다. 하나님께서는 우리에게 독생자를 주심으로 자신의 사랑을 증명하셨습니다. 우리의 사랑도 마찬가지입니다. 우리가 입술로는 하나님을 사랑한다고 외치면서 시간도 드리지 않고 몸도 드리지 않고 십일조와 물질도 드리지 않는다면 그 말은 허탄한 소리에 불과합니다.

우리가 하나님께 드림으로 우리의 사랑이 증명되면 하나님께서는 우리의 사랑을 인정하시고 하나님의 역사를 일으켜 주십니다. 성경은 "그가 나를 사랑한즉 내가 그를 건지리라"(시 91:14)고 말씀합니다. 하나님께서 친히 우리를 죄에서 건지시고, 질병에서 건지시고, 저주와 낭패와 가난에서 건지시고, 죽음에서 건지시는 것입니다.

하나님께서는 우리에게 사랑을 요구하십니다. 오늘날 많은 사람들이 예수님을 믿고 신앙생활을 하지만, 주님께 대한 사랑의 열정은 다 같지 않습니다. 어떤 사람은 예수 믿은 지 얼마 되지 않았는데도 시간을 드리고 물질을 드리고 몸을 드려 주님을 섬깁니다. 이처럼 삶 속에 주님을 사랑하는 증거가 뚜렷한 사람에게는 하나님께서 성령과 은혜를 부어 주십니다. 그러나 오랜 세월 교회에 다니고 직분은 높아졌지만 하나님 앞에 인색하여 몸도 물질도 시간도 드리지 않고 오히려 불평만 하는 사람도 많습니다. 이런 사람은 아무리 주님을 사랑한다고 말하더라도 그것은 증명되지 않은 거짓된 사랑입니다. 하나님께서는 이런 사람에게 축복해 주시지 않습니다. 그러므로 우리는 주님께 드림으로써 우리의 사랑을 증명해야 합니다.

주님께서는 증명된 사랑에만 반응하십니다. 남편이 아내를 사랑하면 무엇을 해 주어도 아깝지 않습니다. 또 아내가 남편을 사랑하면 온몸과 마음을 다해 섬겨도 힘든 줄 모릅니다. 부모가 자식을 사랑하면 자식에게 모든 것을 주려고 합니다. 이처럼 주고 싶은 것이 사랑입니다. 사랑이 식으면 주려고 하지 않습니다. 하나님께서는 우리를 사랑하셔서 하늘 문을 열고 쌓을 곳이 없도록 부어 주시길 원하십니다.

사랑은 산울림과 같아서 사랑을 주면 사랑을 받게 됩니다. 그러므로 여러분 모두 주님에 대한 사랑을 실천하여 증명함으로써 주님께서 주시는 풍성한 축복을 받아 누리게 되시기를 주님의 이름으로 축원합니다.

3. 믿음을 실천해야 합니다

하나님께서는 우리의 믿음을 기뻐하십니다. 성경은 "믿

음이 없이는 하나님을 기쁘시게 하지 못하나니 하나님께 나아가는 자는 반드시 그가 계신 것과 또한 그가 자기를 찾는 자들에게 상 주시는 이심을 믿어야 할지니라"(히 11:6)고 말씀합니다. 하나님께서는 우리에게 상 주시기를 원하십니다. 우리의 영혼이 잘되고 범사가 잘되며 강건하기를 원하십니다. 그런데 우리가 이런 축복을 받아 누리며 살기 위해서는 먼저 하나님을 믿어야 합니다.

성경은 믿음에 대해 "이와 같이 행함이 없는 믿음은 그 자체가 죽은 것이라 어떤 사람은 말하기를 너는 믿음이 있고 나는 행함이 있으니 행함이 없는 네 믿음을 내게 보이라 나는 행함으로 내 믿음을 네게 보이리라 하리라"(약 2:17-18)고 말씀합니다. 행함이 없는 믿음은 죽은 믿음입니다. 그러므로 우리는 하나님께 믿음의 증거인 행함을 보여야 합니다.

믿음의 척도는 드림에 있습니다. 아무리 오랫동안 신앙생활을 했어도 하나님께 드리는 데 인색하면 그 믿음은 보잘것없는 믿음입니다. 예수님께서 벳세다 광야에서 설교하실 때 남자만 오천 명, 부녀자와 어린아이들까지 합하면 기만 명이나 되는 사람들이 와서 말씀을 들었습니다. 예수님께서 그들에게 설교를 하시고 그들 중에 있는 병자들을 고쳐 주시다 보니 시간이 많이 흘러 노을이 물들기 시작했습니다. 해가 뉘엿뉘엿 질 때 예수님께서는 그들을 집으로 돌려보내시려다가 온종일 굶주린 그들을 불쌍히 보시고 그들에게 먹을 것을 주기를 원하셨습니다. 그러자 안드레가 사람들 사이를 다니면서 먹을 것을 찾다가 한 소년이 도시락을 가지고 있는 것을 발견하고 소년에게 이와 같이 말했습니다.

"이 도시락을 혼자 먹으면 너만 배부르지만, 이 도시락을 예수님께 드리면 예수님께서 기적을 행하셔서 여기 있는 사람들이 모두 배불리 먹을 수 있을 거야. 그러니 이 도시락을 내게 빌려 다오."

안드레는 소년에게 믿음으로 도시락을 내놓으라고 요구한 것입니다. 이때 만일 소년에게 믿음이 없었다면 절대로 도시락을 내놓지 않았을 것입니다. 지금 당장 내 배가 고픈데 만일 도시락을 내주었다가 돌려받지 못하면 굶을 것 아닙니까? 그런데 소년은 도시락을 내놓았습니다. 예수님께서 그 도시락으로 기적을 행하실 것을 믿었기 때문입니다. 그 믿음의 증거로 소년은 자신의 도시락을 내놓은 것입니다.

믿음은 행함으로써 완전하게 됩니다. 이 소년이 앉아서 "예수님께서 이 모든 사람을 먹여 주실 줄 믿습니다!"라고 말만 했다면 아무 소용이 없었을 것입니다. 행함이 없는 믿음은 죽은 믿음이기 때문입니다. 소년은 배가 고팠지만 도시락을 안드레의 손에 맡겼고, 안드레는 소년이 믿음으로 내놓은 그 도시락을 예수님께 갖다 드렸습니다.

예수님께서는 소년의 도시락을 받고 감동하셨습니다. 비록 조그만 보리떡 다섯 개와 물고기 두 마리이지만 예수님께는 충분했습니다. 성경은 "만일 너희에게 믿음이 겨자씨 한 알 만큼만 있어도 이 산을 명하여 여기서 저기로 옮겨지라 하면 옮겨질 것이요 또 너희가 못할 것이 없으리라"(마 17:20)고 말씀했습니다. 소년의 조그만 믿음이 예수님의 손에 들리자 큰 역사가 나타났습니다. 예수님께서는 소년의 믿음을 통해 보리떡 다섯 개와 물고기 두 마리로 기만 명이나 되는 사람들을 다 배불리 먹이셨고, 먹고 남은 것이 무려 열두 바구니나 되었습니다.

오늘날도 예수님께서는 우리의 조그마한 믿음을 통해 기적을 행하십니다. 성경은 "네 입을 크게 열라 내가 채우리라"(시 81:10)고 말씀합니다. 우리가 믿음을 행하고 입을 크게 열면 하나님께서 채워 주시는 것입니다.

우리가 하나님께 복을 받기 위해서는 먼저 그릇을 준비하고, 축복을 받을 수 있는 이유를 제시하고, 믿음을 실천해야 합니다. 그리할 때 영적인 축복뿐 아니라 물질적으로도 넘치는 복을 받을 것입니다.

이 복은 하나님께서 그리스도 안에서 주신 것이므로 우리가 마땅히 소유해야 합니다. 우리는 믿음으로 축복을 소유해야 합니다.

어느 장로님이 이런 간증을 했습니다. 그 장로님이 연초에 선교회에서 하나님의 사업을 위한 헌금 작정을 하게 되었습니다. 장로님은 헌금을 작정하기 전에 먼저 하나님께 "하나님! 어떻게 할까요?"라고 기도했습니다. 그때 하나님께서 "네가 헌금을 작정하는 것은 청구서를 내는 것이다. '하나님, 일 년 동안 이런 사업을 하겠으니 도와주소서.' 하고 청구하는 것이다. 믿음을 가지고 성령이 인도하는 대로 청구서를 내라. 그러면 내가 그 청구하는 대로 복을 주고 거기에 더 보태어서 너의 생활에도 부족함이 없게 해 주마."라고 말씀하셨다는 것입니다.

저는 이 간증을 듣고 큰 감동을 받았습니다. 우리가 주님을 위해서 일하겠다고 하나님 앞에 작정하는 것은 하나님께

청구서를 제출하는 것이며, 하나님 앞에서 입을 넓게 여는 것입니다. 그러면 하나님께서 복으로 채워 주실 뿐 아니라 우리의 삶 속에도 부족함이 없게 만들어 주십니다.

우리가 믿는 하나님은 좋으신 하나님입니다. 성경은 "사랑하는 자여 네 영혼이 잘됨같이 네가 범사에 잘되고 강건하기를 내가 간구하노라"(요삼 1:2)고 말씀합니다. 또한 "우리 주 예수 그리스도의 은혜를 너희가 알거니와 부요하신 이로서 너희를 위하여 가난하게 되심은 그의 가난함으로 말미암아 너희를 부요하게 하려 하심이라"(고후 8:9)고 말씀합니다. 그러므로 우리는 하나님께서는 주기를 원하시는 분이며, 또 후히 주시는 분이라는 것을 분명히 알고 하나님 앞에 복 받을 준비를 잘 갖춰서 하나님의 풍성한 축복을 받아 누리며 살아야겠습니다.

하나님과 사람을 섬기는 삶

"너희 중에 누가 아들이 떡을 달라 하는데 돌을 주며 생선을 달라 하는데 뱀을 줄 사람이 있겠느냐 너희가 악한 자라도 좋은 것으로 자식에게 줄 줄 알거든 하물며 하늘에 계신 너희 아버지께서 구하는 자에게 좋은 것으로 주시지 않겠느냐 그러므로 무엇이든지 남에게 대접을 받고자 하는 대로 너희도 남을 대접하라 이것이 율법이요 선지자니라"(마 7:9-12)

옛 시인의 노래 가운데 "돛단배 두 척 한바다에 섰네 한 배 동으로 가고 다른 배 서로 가네"라는 가사가 있습니다. 두 배가 똑같은 바다에서 똑같이 불어오는 바람을 받는데 한 배는 동쪽으로 가고 다른 배는 서쪽으로 갑니다. 돛의 방향이 다르기 때문에 배가 가는 방향도 다른 것입니다.

인생도 마찬가지입니다. 똑같은 세월을 살면서 어떤 사람은 행복으로 가고 또 어떤 사람은 불행으로 갑니다. 마음의 돛을 어느 방향으로 펼쳤느냐에 따라 운명이 달라지는 것입니다. 그러므로 우리는 성공하는 삶을 위해서 어떻게 마음의 돛을 가다듬어야 하는가를 알아야 하겠습니다.

1. 하나님을 섬기는 삶

우리가 마음과 뜻과 정성과 목숨을 다하여 하나님을 섬

기면 우리의 삶은 올바른 방향으로 향하게 됩니다. 그렇다면 어떻게 사는 것이 하나님을 섬기는 삶일까요?

첫째, 하나님을 섬기기 위해서는 말씀을 경청해야 합니다. 하나님을 섬기는 삶은 하나님의 말씀을 듣는 것으로부터 시작됩니다. 하나님의 말씀을 저버리는 것은 곧 하나님을 저버리는 것과 같습니다. 오늘날 하나님께서는 말씀을 통하여 우리와 교제하십니다. 그러므로 우리가 하나님의 말씀을 사모하지도 않고 읽지도 않고 믿지도 않고 실천하지도 않고 말씀에 감사하지도 않고 말씀을 가르치지도 않는다면 하나님과 우리의 교제는 끊어지고 맙니다.

우리는 하나님께서 여호수아에게 경계하신 교훈을 마음에 새겨야 합니다. "오직 강하고 극히 담대하여 나의 종 모세가 네게 명령한 그 율법을 다 지켜 행하고 우로나 좌로나 치우치지 말라 그리하면 어디로 가든지 형통하리니 이 율법책을 네 입에서 떠나지 말게 하며 주야로 그것을 묵상하여 그 안에 기록된 대로 다 지켜 행하라 그리하면 네 길이 평탄하게 될 것이며 네가 형통하리라"(수 1:7-8). 우리가 하나님의 말씀을 늘 묵상하고 입으로 시인하며 그 말씀을 지켜 행하면 우리의 삶이 형통하고 평탄하게 된다는 것입니다. 또한 성경은 "오직 야훼의 율법을 즐거워하여 그의 율법을 주야로 묵상하는도다 그는 시냇가에 심은 나무가 철을 따라 열매를 맺으며 그 잎사귀가 마르지 아니함 같으니 그가 하는 모든 일이 다 형통하리로다"(시 1:2-3)라고 말씀합니다. 말씀과 형통한 삶이 같이 갑니다. 말씀이 있으면 삶이 형통하고 평탄합니다. 말씀을 통하여 하나님을 섬길 때 우리가 진정으로 하나님을 섬기게 되고 형통하고 평탄한 삶을 살아갈 수 있는 것입니다.

둘째, 하나님을 섬기기 위해서는 기도에 힘써야 합니다. 성경이 하나님 편에서 우리에게 말씀하신 것이라면, 기도는 우리 편에서 하나님께 말씀드리는 것입니다. 그러므로 말씀과 기도가 병행되어야 하나님과 원활한 교제와 대화를 나눌 수 있습니다. 기도하지 않고 하나님과 동행하는 사람은 없습니다. 그러기에 우리는 기도에 힘써야 합니다.

하나님을 섬기는 사람은 금식하며 기도해야 합니다. 사도행전 13장 1절부터 3절을 보면 "안디옥 교회에 선지자들과 교사들이 있으니 곧 바나바와 니게르라 하는 시므온과 구레네 사람 루기오와 분봉 왕 헤롯의 젖동생 마나엔과 및 사울이라 주를 섬겨 금식할 때에 성령이 이르시되 내가 불러 시키는 일을 위하여 바나바와 사울을 따로 세우라 하시니 이에 금식하며 기도하고 두 사람에게 안수하여 보내니라"고 기록되어 있습니다. 안디옥 교회에서는 금식하고 기도하면서 주님을 섬겼던 것입니다. 우리도 하나님께서 명하시면 금식을 하면서 섬겨야 합니다. 또한 우리는 매일매일 하나님 앞에 기도하며 섬겨야 합니다. 하루를 기도로 시작하고 기도로 마감한다면 진정으로 주님을 섬기는 삶이라 할 수 있습니다.

기도하면 성령으로 충만하게 됩니다. 기도 없는 성령 충만은 없습니다. 성령 없는 신앙생활은 비 없는 구름이요, 물 없는 우물이요, 불 없는 화로입니다. 형식은 있어도 내용이 없기 때문에 죽은 것과 같습니다. 성령 없는 신앙생활보다 저주받은 삶은 없습니다. 그러므로 우리는 성령으로 충만하기 위해서 전심으로 기도해야 됩니다.

오순절에 성령님께서 임하실 때 제자들은 기도하고 있었습니다. 이에 대해 성경은 이와 같이 말씀하고 있습니다. "제자들이 감람원이라 하는 산으로부터 예루살렘에 돌아오니 이 산은 예루살렘에서 가까워 안식일에 가기 알맞은 길이라 들어가 그들이 유하는 다락방으로 올라가니 베드로, 요한, 야고보, 안드레와 빌립, 도마와 바돌로매, 마태와 및 알패오의 아들 야고보, 셀롯인 시몬, 야고보의 아들 유다가 다 거기 있어 여자들과 예수의 어머니 마리아와 예수의 아우들과 더불어 마음을 같이하여 오로지 기도에 힘쓰더라"(행 1:12-14). 예수님께서 약속하신 성령을 받기 위하여 오로지 기도에 힘쓴 결과, 그들은 오순절에 성령으로 충만함을 받은 것입니다. 오늘날도 우리가 마음을 합하여 오로지 기도에 힘쓸 때 성령으로 충만하여 참으로 하나님을 섬길 수 있게 됩니다.

셋째, 하나님을 섬기기 위해서는 계명을 지켜야 합니다. 계명을 지키며 의롭게 사는 것이 하나님을 섬기는 삶입니다. 국가에서도 올바른 국민이 되려면 법을 지켜야 합니다. 법을 어기면 범법자가 됩니다. 가정에서도 부모의 말씀을 잘 듣는 자녀가 올바른 자녀입니다. 하나님을 섬기는 것도 마찬가지입니다. 우리가 참으로 하나님을 섬기려면 하나님의 계명을 지켜야 됩니다. 성경은 "하나님을 사랑하는 것은 이것이니 우리가 그의 계명들을 지키는 것이라 그의 계명들은 무거운 것이 아니로다"(요일 5:3)라고 말씀합니다. 믿지 않는 사람에게는 계명을 지키는 일이 어렵지만, 예수님을 믿어 중생하고 성령님을 모신 사람에게는 계명이 무겁지 않습니다. 오히려 계명을 지키는 삶이 가볍고 즐겁습니다.

우리가 계명을 지키면 하나님께서 기뻐하시고 우리의 기도에 응답해 주십니다. 이에 대해 성경은 다음과 같이 말씀합니다. "사랑하는 자들아 만일 우리 마음이 우리를 책망할 것이 없으면 하나님 앞에서 담대함을 얻고 무엇이든지 구하는 바를 그에게서 받나니 이는 우리가 그의 계명을 지키고 그 앞에서 기뻐하시는 것을 행함이라 그의 계명은 이것이니 곧 그 아들 예수 그리스도의 이름을 믿고 그가 우리에게 주신 계명대로 서로 사랑할 것이니라 그의 계명을 지키는 자는 주 안에 거하고 주는 그의 안에 거하시나니 우리에게 주신 성령으로 말미암아 그가 우리 안에 거하시는 줄을 우리가 아느니라"(요일 3:21-24). 우리가 계명을 지키고 하나님께서 기뻐하시는 것을 행하면 주님께서 기뻐하시고 우리의 모든 기도를 응답해 주시겠다고 약속하신 것입니다. 그러므로 우리가 진정으로 하나님을 섬기기 원한다면 계명을 지켜야 합니다.

넷째, 하나님을 섬기기 위해서는 십일조를 드려야 합니다. 성경은 "네 보물 있는 그 곳에는 네 마음도 있느니라"(마 6:21)고 말씀합니다. 그렇기 때문에 아무리 주를 섬긴다고 말을 해도 물질을 드리지 않는다면 그 사람은 주님을 향한 마음이 없는 사람입니다. 마음이 없이 하나님을 섬길 수 없습니다.

아브라함이 하나님에게 큰 사랑을 받았던 것은 그가 믿음과 순종의 사람이었을 뿐 아니라 하나님께 십일조를 드려 물질로 섬겼기 때문입니다. 창세기 14장 20절을 보면 "너희 대적을 네 손에 붙이신 지극히 높으신 하나님을 찬송할지로다 하매 아브람이 그 얻은 것에서 십분의 일을 멜기세덱에게 주었더라"고 기록되어 있습니다. 아브람이 십일조를 드리자 하나님의 말씀이 그에게 임했습니다. "이 후에 야훼의 말씀이 환상 중에 아브람에게 임하여 이르시되 아브람아 두려워하지 말라 나는 네 방패요 너의 지극히 큰 상급이니라"(창 15:1). 아브라함이 멜기세덱에게 십일조를 드리자 하나님께서 크게 기뻐하시며 "아브라함아, 내가 너를 지켜 주마. 내가 너의 상급이 되어서 너를 형통하게 해 주마."라고 축복하신 것입니다.

하나님의 것을 도둑질하고 하나님을 섬긴다는 것은 거짓말입니다. 성경은 "사람이 어찌 하나님의 것을 도둑질하겠느냐 그러나 너희는 나의 것을 도둑질하고도 말하기를 우리가 어떻게 주의 것을 도둑질하였나이까 하는도다 이는 곧 십일조와 봉헌물이라 너희 곧 온 나라가 나의 것을 도둑질하였으므로 너희가 저주를 받았느니라"(말 3:8-9)고 말씀합니다. 이 말씀에서 보듯이, 십일조와 헌물은 하나님께서 친히 당신의 소유라고 말씀하신 것입니다.

본래 우리가 누리는 모든 것의 십분의 일은 하나님의 것입니다. 그렇기 때문에 십일조를 떼먹으면 저주를 받습니다. 저주받은 삶을 살면서 하나님을 섬길 수 없습니다. 그러므로 우리는 반드시 하나님께 십일조와 헌물을 드림으로써 하나님을 경외하고 공경하며 살아야 합니다. 그럴 때 하나님께서 우리를 품어 주시고 우리의 방패와 상급이 되어 주시며 우리에게 하늘의 모든 신령한 은혜를 아낌없이 부어 주시는 것입니다.

2. 이웃을 섬기는 삶

성경을 보면 예수님과 율법교사가 영생을 얻는 것에 대하여 대화하는 장면이 나옵니다.

"어떤 율법교사가 일어나 예수를 시험하여 이르되 선생님 내가 무엇을 하여야 영생을 얻으리이까 예수께서 이르시되 율법에 무엇이라 기록되었으며 네가 어떻게 읽느냐 대답하여 이르되 네 마음을 다하며 목숨을 다하며 힘을 다하며 뜻을 다하여 주 너의 하나님을 사랑하고 또한 네 이웃을 네 자신같이 사랑하라 하였나이다 예수께서 이르시되 네 대답이 옳도다 이를 행하라 그러면 살리라 하시니"(눅 10:25-28).

율법의 내용은 한마디로 '하나님을 사랑하고 네 이웃을 사랑하라'는 것입니다. 그러므로 우리가 하나님을 섬기면 또한 우리 이웃도 섬겨야 합니다. 하나님을 섬기면서 이웃을 섬기지 않는 것은 진실한 섬김이 아닙니다. 그렇다면 우리는 어떻게 이웃을 섬겨야 할까요?

첫째, 이웃을 용서하고 사랑해야 합니다. 우리는 모두 용서에 빚진 자들입니다. 성경은 "우리가 아직 죄인 되었을 때에 그리스도께서 우리를 위하여 죽으심으로 하나님께서 우리에 대한 자기의 사랑을 확증하셨느니라"(롬 5:8)고 말씀합니다. 우리는 수없이 죄를 짓고 사는 죄의 노예였습니다. 그런데 예수님께서 우리를 위해 십자가에서 몸 찢기고 피를 흘리며 온갖 모욕을 당하고 죽으심으로 우리의 죄를 다 청산해 주셨습니다. 그 덕분에 우리는 죄를 용서받은 것입니다. 우리가 주님께 용서를 받았으니 우리도 남을 용서하는 것이 마땅합니다.

예수님께서 가르쳐 주신 주기도문을 보면 "우리가 우리에게 죄지은 자를 사하여 준 것같이 우리 죄를 사하여 주시옵고"(마 6:12)라는 구절이 나옵니다. 우리가 남을 용서해야 하나님께 용서를 구할 수 있는 것입니다.

한번은 감리교의 창시자인 요한 웨슬리(John Wesley)가 한 청년을 만났는데, 그는 자신에게 죄지은 사람을 절대로 용서해 줄 수 없다고 말했습니다. 그러자 요한 웨슬리가 그에게 "당신에게 죄지은 사람을 용서해 줄 수 없다면 당신은 이제 하나님께 용서받을 자격이 없습니다. 그러니 당신은 평생 죄를 짓지 않고 살아야 합니다. 단 한 번도 죄를 지으면 안 됩니다."라고 말했습니다.

우리는 매일같이 용서를 필요로 합니다. 이 세상에 죄를 짓지 않는 의인은 한 사람도 없습니다. 그렇기 때문에 우리는 날마다 십자가 앞에서 죄를 회개하고 보혈로 씻음 받고 새사람이 되어야 합니다. 그러기 위해서는 먼저 우리에게 죄지은 사람을 용서해 주어야 합니다. 성경은 "너희가 사람의 잘못을 용서하지 아니하면 너희 아버지께서도 너희 잘못을 용서하지 아니하시리라"(마 6:15)고 말씀합니다. 용서한 사람만이 하나님께 용서받을 수 있는 것입니다.

　용서하지 않는 마음에는 미움과 원한이 쌓여 온갖 병을 불러옵니다. 위장병, 간 질환, 심장병, 당뇨병, 정신 질환, 이 모든 장애의 대부분이 용서하지 않은 마음의 스트레스로 인하여 일어납니다. 그러므로 용서하면 질병에서도 자유로워질 수 있습니다.

　사랑은 용서의 바탕 위에서 이루어집니다. 사람들은 "나는 용서할 수는 있어도 사랑할 수는 없다."라고 말하는데, 용서를 하면 사랑할 힘이 생깁니다. 사랑은 용서의 단계를 지나 적극적인 행동으로 나타납니다. 좋은 말을 해 주고 격려해 주고 위로해 주고 또 좋은 것을 나누어 주는 적극적인 행동이 바로 사랑입니다.

　둘째, 이웃을 온유와 겸손으로 섬겨야 합니다. 온유란 마음을 잘 다스리고 길들여 사람들을 부드럽고 친절하게 대하는 태도를 말합니다. 사납고 퉁명스럽고 권위적인 태도로 사람을 대하는 것은 정신적으로 폭행을 가하는 것과 같습니다. 예전에 우리나라에서는 관료주의 때문에 관리들이 대단히 사납고 퉁명스럽고 권위적이었습니다. 그래서 일을 처리하기 위해 관공서에 다녀오면 정신적인 폭행을 당하고 오는 기분이 들었습니다. 요즈음은 많이 좋아졌지만 아직도 이런 관료주의 관행이 남아 있어 사람들에게 불쾌함과 정신적인 상처를 주는 곳이 있습니다.

우리의 개인적인 삶도 마찬가지입니다. 우리가 서로 만나서 대화하고 의논할 때 온유하고 겸손한 마음으로 대하면 마음이 평안하고 기쁩니다. 그러나 사납고 퉁명스러운 태도를 취하면 어느 한 쪽이 피해를 입습니다. 부부 사이에도 어느 한쪽이 사납고 퉁명스러우면 상대방에게 매일 정신적인 폭행을 가합니다. 겉으로 보이지 않지만 정신적으로 때리고 할퀴고 피를 흘리게 하는 것입니다. 이와 같은 삶은 이웃을 섬기는 삶이 아닙니다. 우리는 모두 이 세상에서 행인과 나그네로 잠시 지나가는 인생들이므로 서로서로 불쌍히 여기고 친절하게 대하며 살아야 합니다.

저는 세계를 여행하면서 일본 사람들이 가장 친절하다는 것을 알았습니다. 제가 처음 일본에 복음을 전하러 갈 때에는 마음속에 굉장한 미움이 있었습니다. 하나님께서 일본에 복음을 전하라고 하셔서 어쩔 수 없이 갔지만 일본 사람을 좋아하지는 않았습니다. 그러니 얼마나 마음에 갈등이 많았겠습니까? 그런데 오랜 세월 일본에 복음을 전하다 보니 마음이 달라졌습니다. 일본 사람들이 너무 친절하기 때문에 도저히 미워할 수 없게 되어 버렸습니다. 택시 운전기사로부터 시작해서 백화점 점원에 이르기까지 한결같이 상냥하고 친절합니다. 이제는 미움이 다 사라져서 진정으로 일본을 구원해 달라고 기도합니다. 일본 사람들의 친절과 겸손이 저의 마음을 바꾼 것입니다.

온유와 겸손으로 이웃을 섬기면 좋지 않은 감정도 풀리고 누그러집니다. 이러므로 우리는 하나님 앞에서 항상 자신을 낮추고 남을 나보다 낫게 여기며 살아야 합니다. 먼저 하나님을 생각하고 그다음에 이웃을 생각하고 마지막으로 나를 생각하며 살아야 합니다.

3. 긍정적으로 사는 삶

사람의 마음은 마치 자석과도 같습니다. 마음이 부정적이 되어서 남을 미워하고 원망하고 '나는 못한다, 안 된다, 할 수 없다'는 태도를 취하면, 주위에서 그와 같은 것들을 끌어당겨서 우울하고 부정적이고 파괴적인 환경이 다가옵니다. 이와 반대로 마음이 긍정적이고 적극적이고 창조적이고 생산적이면, 주위에서 그와 같은 것들을 끌어당겨서 긍정적이고 창조적인 환경이 만들어집니다.

성경은 "모든 지킬 만한 것 중에 더욱 네 마음을 지키라 생명의 근원이 이에서 남이니라"(잠 4:23)고 말씀합니다. 우리 마음의 자세와 태도가 부정적이냐 긍정적이냐에 따라 우리의 환경과 삶의 성격이 결정됩니다. 그러므로 우리가 긍정적인 삶을 살기 위해서는 우리의 마음을 잘 다스려야 합니다.

먼저 우리는 예수 그리스도의 십자가를 통해 긍정적으로 살아야 하는 이유를 발견해야 합니다. 사람은 이유 없이 믿지 않습니다. 이유 없이 변화되지 않습니다. 십자가 밑에 나가 예수님께서 나를 대신하여 몸 찢기고 피 흘려 대가를 지불하신 것을 볼 때 비로소 우리는 긍정적으로 살아야 하는 이유를 발견하게 되는 것입니다. 우리는 십자가 밑에서 다음과 같은 다섯 가지 긍정적인 생각을 갖게 됩니다.

첫째, '나는 그리스도를 통해 용서받은 의인이 되었다.'라는 사실을 확인하고 긍정적인 생각을 갖게 됩니다. 용서받은 의인이 되었기 때문에, 우리는 더 이상 죄에게 종노릇하지 않고 의롭게 살아갈 수 있는 것입니다.

둘째, '보혜사 성령님께서 항상 나를 도와주신다.'라는 긍정적인 생각을 갖게 됩니다. 예수 그리스도께서 친히 십자가에 달려 몸 찢기고 피를 흘려 하나님과 우리 사이에 원수 되었던 담을 허물어 버리시고 우리에게 보혜사 성령님을 보내 주셨습니다. 그렇기 때문에 우리는 성령님께서 함께해 주신다는 긍정적인 생각을 가질 수 있는 것입니다.

셋째, '나는 그리스도를 통해 치료받은 사람이요, 치료 안에 있는 사람이다.'라는 긍정적인 생각을 갖게 됩니다. 그러므로 아무리 병이 다가와도 "나는 치료받은 사람이다! 치료가 내 안에 역사한다! 치료하시는 예수님께서 나와 같이 계시다!"라고 긍정적으로 선포할 수 있습니다.

넷째, '나는 저주에서 해방되어 축복을 받은 사람이다.'라는 긍정적인 생각을 갖게 됩니다. 예수님께서는 우리의 모든 저주를 십자가에서 청산하셨습니다. 그러므로 예수님을 바라볼 때 나의 저주의 모든 가시채가 풀리고 저주의 넝마가 벗겨지는 것입니다. 이제 우리는 아브라함의 축복의 옷으로 갈아입었습니다. 그러므로 '나는 복 받은 사람이다. 나는 저주에서 해방된 사람이다. 나는 아브라함의 축복에 참여하는 사람이다. 나는 형통한 사람이다.'라는 긍정적인 생각을 가지고 살게 되는 것입니다.

다섯째, '사망과 음부가 사라지고 영생 천국을 소유했다.'라는 긍정적인 생각을 갖게 됩니다. 예수님께서 십자가에 못 박혀 죽으시고 사흘 만에 죽은 자들 가운데서 부활하심으로 사망의 권세를 이기시고 영생 천국을 가져오셨습니다. 그러므로 우리는 "나는 죽어도 살고 살아도 산다, 영생 천국은 내 것이다."라고 담대하게 선포할 수 있는 것입니다.

우리가 마음속에 이와 같은 긍정적인 생각과 오중복음과 삼중축복을 가지고 인생을 살아가면 그러한 환경과 운명이 다가오게 됩니다. 사람의 마음에 가득한 것이 밖으로 나오고 마음에 있는 것이 환경을 끌어당기기 때문입니다.

우리는 예수 그리스도의 십자가를 통해 긍정적으로 살아야 하는 이유를 발견해야 할 뿐만 아니라, 우리의 삶 가운데 다가오는 고난도 유익으로 받아들여야 합니다. 그리스도 안에서 고난은 우리의 밥입니다. 고난이 다가오더라도 우리가 그것을 감사함으로 받아들여서 기도하며 참고 인내하면 그 고난은 우리의 밥이 됩니다. 고난은 우리를 자라게 합니다. 고난을 통해 회개하고 깨어져 순종하기 때문에 우리의 믿음이 자라는 것입니다. 긍정적인 사람은 고난이 그와 동등 혹은 그 이상의 축복을 가져온다는 것을 압니다. 그렇기 때문에 고난은 긍정적인 자세를 가진 사람을 결코 파멸시키지 못합니다. 고난이 다가올 축복의 전주곡이라는 것을 알게 되면, 우리는 고난을 거부하기보다 오히려 고난 중에 하나님께 감사하게 됩니다.

나아가, 우리는 범사에 감사하며 살아야 합니다. 불평과 원망은 정신적인 무덤을 파는 삽과 괭이입니다. 그러므로 계속 불평하고 원망하면 파괴의 깊은 골이 파입니다. 그러나 감사는 믿음의 표현입니다. 역경에도 감사하는 것이 믿음의 증거입니다. 성경은 "감사로 제사를 드리는 자가 나를 영화롭게 하나니 그의 행위를 옳게 하는 자에게 내가 하나님의 구원을 보이리라"(시 50:23)고 말씀합니다. 우리가 감사를 드릴 때 하나님께서 영광을 받으시는 것입니다.

감사는 마음의 갈등을 극복하고 하나님의 섭리를 믿고 기뻐하게 합니다. '왜 내게 이런 일이 다가오는가? 왜 시험이 오는가? 왜 환난을 당하나?' 이런 갈등을 모두 주님께 맡기고 "환난이나 곤고나 박해나 기근이나 적신이나 위험이나 칼이나 모두 감사합니다. 주님께서 나와 같이 계시니 모든 것이 합력하여 종국에는 선을 이룰 줄 믿습니다."라고 고백함으로써 하나님의 선하심을 경험할 수 있게 합니다.

 여러분, 우리는 원하든지 원치 않든지 우리에게 주어진 인생을 살아가야 합니다. 사람들은 누구나 복된 인생을 살고 싶지, 불행한 인생을 살고 싶어 하지 않습니다. 그런데 복과 저주는 환경이 결정하는 것이 아닙니다. 우리 마음의 자세가 인생을 복되게 만들 수도 있고 불행하게 만들 수도 있습니다. '기쁨과 성공의 삶이냐, 원망과 실패의 삶이냐?'는 바로 우리 마음에 달려 있는 것입니다. 그러므로 우리는 섬기며 사는 것을 삶의 목표로 삼고 하나님과 이웃을 섬기며, 십자가 밑에서 내 자신을 긍정하고, 환난과 고난 중에 오히려 믿음으로 감사하며 살아가야 합니다. 그리할 때 하나님께서 영혼이 잘됨같이 범사에 잘되며 강건하고 생명을 얻되 넘치게 얻는 복을 주시는 것입니다.